INHALTSVERZEICHNIS

Vorwort 5

Kapitel 1: Wissenswertes rund um Burnout 9

Kapitel 2: Diagnostik 15
Worum geht's? 16
So wird's gemacht 16
Los geht's! 17

Kapitel 3: Übungen, Methoden, Strategien 29
Ausgleich von Erholung und Belastung schaffen 30
Erholung und Selbstfürsorge 32
Achtsamkeit 39
Gesundheit 46

Symptome und Bewältigungsstrategien 49
Frühwarnsignale erkennen 59
Grübeln, Grübeln, Grübeln 65
Emotionale Erschöpfung 68
Schlafstörungen 73
Sozialer und innerer Rückzug 79

INHALTSVERZEICHNIS

Schulstress meistern 88
Grundlagen des Stressmanagements 94
Stress mit Schülern reduzieren... 105
Stress mit Eltern reduzieren... 115
Stress durch das Kollegium reduzieren.. 122
Zeitmanagement: Viele Termine, keine Pause.............................. 125
Der Umgang mit zwei Arbeitsplätzen 133
Keine Kritik ist Lob genug – Der Wert vom Selbstwert 136
Sich selbst und seinen inneren Antreibern begegnen.................. 144
Stressreduktion durch Abgrenzung 159
Auferlegtes und Unveränderbares 165

Kapitel 4: Zielsetzung und Appelle im Überblick .... 169

Quellen und Medientipps... 173

Für Meilo und Maxim

VORWORT

> ✓ Sie sind Lehrer und manchmal im schulischen Alltag überfordert?
>
> ✓ Sie leiden zunehmend an Kraftlosigkeit, fühlen sich ausgelaugt und erschöpft?
>
> ✓ Sie sind motiviert, Veränderungen in Ihrem Leben nachhaltig zu bewirken, und zugleich bereit, einen Teil Ihrer kostbaren Zeit und Energie auf dieses Ziel zu verwenden?
>
> ✓ Sie möchten dafür einen Praxisleitfaden, der Sie durch konkrete Anleitungen und Übungen führt?
>
> **... dann wird dieses Buch Ihnen helfen können!**

Liebe Leser[*],

für Ihre Schultätigkeit benötigen Sie täglich Kraft, Energie und Motivation. Vermutlich stellen Sie sich häufiger die Frage, wie Sie eine gute Lehrkraft sein können und gleichzeitig Ihre Leistungsfähigkeit, Arbeitszufriedenheit und Gesundheit erhalten, zurückgewinnen oder auftanken können.

Seit Langem ist bekannt, dass der Lehrerberuf zu einer Hochrisikogruppe im Zusammenhang mit der Entwicklung einer depressiven Erkrankung oder eines Burnouts gehört. Das Wissenschaftliche Institut der AOK setzte den Lehrerberuf in seinem Fehlzeitenreport 2012 auf die Liste der Berufsgruppen mit den häufigsten psychischen Erkrankungen, mit 155,4 Fehltagen pro 1000 Mitglieder. Im Jahr 2011 litten in Deutschland mehr als vier Millionen Menschen an einer Depression, wobei sich hierunter auch diejenigen Betroffenen befinden, die im Rahmen einer Burnout-Entwicklung an einer so genannten Erschöpfungsdepression erkrankt sind.

Diese alarmierende Entwicklung hat uns dazu veranlasst, für den Berufsstand der Lehrer ein spezifisches präventives und therapiebegleitendes Stressmanagementangebot zu entwickeln, um sie im Kampf gegen das Ausbrennen, die Erschöpfung und Überlastung zu stärken. Lehrer, die gern in ihrem Beruf sind, diesen engagiert und professionell ausüben möchten, benötigen unserer Meinung nach viel mehr Anerkennung für das, was sie leisten. Leider wird in der öffentlichen Meinung verkannt, was alles zum heutigen Lehrerberuf gehört, daher fehlt es dieser Berufsgruppe an angemessener Unterstützung, um ihre Kompetenz zu erweitern und gleichzeitig die Gesundheit zu erhalten.

[*] Aus Gründen der besseren Lesbarkeit haben wir in diesem Buch durchgehend die männliche Form verwendet. Natürlich sind damit auch immer Frauen und Mädchen gemeint, also Lehrerinnen, Schülerinnen etc.

VORWORT

Sind diese Fähigkeiten nicht hinreichend ausgebildet, so fehlt den Lehrern wichtiges Handwerkszeug für ihre Arbeit, sodass es zu ständig wiederkehrenden Stresssituationen kommen wird. Seit Jahren führen wir diese Angebote zusammen mit unseren Kollegen in dem medizinischen Versorgungszentrum „Verhaltenstherapie Falkenried" (www.verhaltenstherapie-falkenried.de) in Form von Gruppensettings erfolgreich durch. In Einzeltherapien mit Hunderten von von Burnout betroffenen Lehrern konnten über die Jahre hinweg die wesentlichen Belastungen und Stressoren differenziert ermittelt und erfolgreich behandelt werden.

Mit diesem Buch werden nun die wesentlichen Inhalte aus diesen therapeutischen Gruppentrainings in Form eines praktischen Arbeitsbuches als „Hilfe zur Selbsthilfe" angeboten, damit Sie im Sinne der Prävention einen adäquaten Umgang mit Ihren beruflichen Belastungen entwickeln können.

Das Konzept dieses Buches

Egal ob Sie sich präventiv mit dem Thema Burnout auseinandersetzen möchten oder selbstständig aktiv werden möchten, während Sie auf einen Therapieplatz warten – das Konzept dieses Buches lädt Sie zu einer intensiven und praktischen Beschäftigung mit sich selbst sowie mit Ihren belastenden Stressoren und mitverursachenden Umständen ein. Sehen Sie den Band als Ihr ganz persönliches Arbeitsbuch, und scheuen Sie sich nicht, darin Notizen zu machen, für Sie wichtige Passagen zu markieren oder Klebezettel hineinzukleben! Das Buch bietet Ihnen Anleitungen zu einer vertiefenden Selbstreflexion, also einer Reflexion Ihrer eigenen Lebenshaltung und -gestaltung, sodass Sie Ihre Selbstwahrnehmung besser schulen, mehr Achtsamkeit entwickeln, Ihre Verhaltensweisen und typischen Denkmuster besser kennenlernen und kritisch reflektieren können. Die primär verhaltenstherapeutischen Methoden dieses Buches, ein Großteil der praktischen Übungen sowie des diagnostischen Materials wurden von uns Autoren entwickelt, zusätzlich langjährig praxiserprobtes therapeutisches Material wurde dankenswerterweise von dem Medizinischen Versorgungszentrum „Verhaltenstherapie Falkenried" zur Verfügung gestellt. VT Falkenried versorgt jährlich über 5 000 Patienten, ein beträchtlicher Anteil hiervon stellt Betroffene dar, die unter Depressionen und Burnout leiden. Mittels gezielter Übungen, Bewältigungsmethoden und Lösungsstrategien können Sie sich Handwerkszeug aneignen, welches Sie – im Sinne der „Hilfe zur Selbsthilfe" – dabei unterstützt, Ihre Belastungsfaktoren abzubauen, Ihre sozialen und persönlichen Kompetenzen zu fördern und Gewinn bringend einzusetzen und Ihre Ressourcen sowohl zu mobilisieren als auch zu schonen. Darüber hinaus vermitteln wir Ihnen geeignete Lösungsstrategien im Umgang mit Konflikten und schwierigen Situationen, die Ihre Handlungsfähigkeit stärken und erweitern. Im Sinne der Prävention verringern Sie somit Ihre Risikofaktoren für die Entstehung eines Burnouts und tragen auf diese Weise selbst zum Erhalt Ihrer Gesundheit, Zufriedenheit und Leistungsfähigkeit bei.

Der Aufbau

Kapitel 1 – Wissenswertes rund um Burnout
Um Sie möglichst schnell in den Praxisteil dieses Buches zu leiten, erhalten Sie zunächst lediglich die wichtigsten Informationen zum Thema Burnout. Diese verstecken sich als Antworten auf ein einleitendes Quiz, mit dem Sie gleichzeitig Ihren Kenntnisstand zum Thema überprüfen können.

Kapitel 2 – Diagnostik
Hier finden Sie diagnostisches Material, wie z.B. eigens von uns Autoren entwickelte **Fragebögen und Checklisten**, anhand dessen Sie Ihr individuelles Maß der eigenen Betroffenheit sowie die Art und Stärke Ihrer Belastung erheben können. Sie erhalten eine **persönliche Standortbestimmung**, sodass Sie erkennen, wie es um Ihren Ausgleich zwischen Belastung und Erholung bestellt ist. Zudem vertiefen und reflektieren Sie Ihre Erkenntnisse über die Verursachung einer möglicherweise im Prozess befindlichen Burnout-Entwicklung.

Kapitel 3 – Übungen, Methoden, Strategien
Dieses Kapitel bildet den Schwerpunkt des Buches, da es hier um die **konkrete Praxishilfe** für Sie geht. Es werden umfassende Grundlagen vermittelt, die in der Praxis der **Prävention und Therapie** von Burnout Anwendung finden. So werden zunächst allgemeingültige Übungen, Bewältigungs- und Lösungsstrategien angeboten, und in einem gesonderten Abschnitt werden dann anschließend lehrerspezifische Themen fokussiert und vertieft.

Jedes Unterkapitel beginnt mit einem **Überblick zum Thema**, es folgen **ausführliche Informationen** sowie entsprechend ausgewählte **Übungen** und **Leitfäden** mit praktischen Anleitungen. Weiterhin finden Sie immer wieder so genannte **„Stolpersteine"** – diese beinhalten Hinweise auf mögliche Fallstricke, wie bspw. ungünstige innere Einstellungen oder andere hinderliche Aspekte, die einer erfolgreichen Bewältigung Ihrer Belastungen entgegenstehen könnten. Schließlich endet jedes Kapitel mit einer kurzen **Zusammenfassung**.

VORWORT

Kapitel 4 – Zielsetzung und Appelle im Überblick
Abschließend erhalten Sie einige hilfreiche Tipps, wie Sie sich Ziele sinnvoll setzen und diese erfolgreich angehen können. Darüber hinaus finden Sie hier die wichtigsten Ratschläge und Verhaltensregeln zur wirksamen Vorbeugung gegen Burnout auf einen Blick zusammengefasst. Diese Zusammenfassung fungiert als eine Art Register, sodass Sie schnell die entsprechenden Übungen und Hilfen nachschlagen können, wenn Sie sich mit einem der Aspekte gezielt auseinandersetzen möchten.

Zur besseren Übersicht können Sie sich an folgenden Icons orientieren:

   Fragebögen und Checklisten

   Praktische Übungen und Leitfäden

   Zusammenfassung an den Kapitelenden

   Stolpersteine

Nun wünschen wir Ihnen viel Spaß und Erfolg beim Lesen, Reflektieren, Üben und Verändern!

Micaela Peter & Ulrike Peter

KAPITEL 1
WISSENSWERTES
RUND UM BURNOUT

1 | WISSENSWERTES RUND UM BURNOUT

Anhand der Fragen aus unserem Quiz können Sie sich einen ersten Überblick darüber verschaffen, wie umfangreich und gültig Ihre bisherigen Kenntnisse zu dem Thema Burnout sind. Die Beantwortung der Fragen finden Sie auf den nächsten Seiten, somit erhalten Sie zunächst grundlegende und relevante Informationen zum Thema, bevor Sie dann in dem diagnostischen Kapitel eine eigene Standortüberprüfung vornehmen können und anschließend in Kapitel 3 praktische Übungen und Hilfsmittel zum förderlichen und präventiven Umgang mit dem Thema Burnout erhalten.

Burnout-Quiz

Anleitung: Gehen Sie die folgenden Aussagen durch, und kreuzen Sie jeweils an, ob Sie Ihnen eher zustimmen oder eher nicht.

#	Aussage	eher ja	eher nein
1	Burnout ist eine Diagnose.	○	○
2	Burnout ist eine Depression.	○	○
3	Ein Burnout-Prozess hat einen sehr individuellen Verlauf.	○	○
4	Der akute physische und psychische Zusammenbruch (= Burnout) kommt unter Umständen plötzlich.	○	○
5	Burnout kann jeden treffen.	○	○
6	Stress an sich ist nicht schädlich.	○	○
7	Hauptsächlich ungünstige Bedingungen am Arbeitsplatz verursachen Burnout.	○	○
8	Burnout wird begünstigt, wenn die Ressourcen der Person nicht zu den Anforderungen der Umwelt passen.	○	○
9	Es hilft wenig, über seine eigenen Probleme und Befindlichkeiten zu sprechen.	○	○
10	Bei der Burnout-Entstehung besteht ein Ungleichgewicht zwischen Anstrengung und Belohnung bzw. Erholung.	○	○
11	Burnout kommt von zu viel Stress am Arbeitsplatz.	○	○
12	Die Wertschätzung meiner Arbeit spielt im Burnout-Prozess eine bedeutende Rolle.	○	○
13	Im Lehrerberuf ist das Risiko, an einer Erschöpfungssymptomatik zu erkranken, deutlich erhöht.	○	○
14	Risikofaktoren für Burnout können sowohl in der Person, in den Arbeitsbedingungen, in der Umwelt als auch in gesellschaftlichen Bedingungen begründet liegen.	○	○
15	Eine Burnout-Entwicklung hat wenig mit der eigenen Persönlichkeit zu tun.	○	○
16	Hohe eigene Leistungsansprüche begünstigen eine Burnout-Entwicklung.	○	○
17	Burnout-Betroffene sind häufig hoch motiviert und engagiert in ihren Beruf gestartet.	○	○

18	Die mangelnde Fähigkeit zur Abgrenzung begünstigt eine Burnout-Entwicklung.	○	○
19	Burnout-Betroffene nehmen frühe Warnsignale des Körpers nicht als bedeutsam oder gar nicht mehr wahr.	○	○
20	Nicht jeder, der über einen langen Zeitraum viel und hart arbeitet, bekommt ein Burnout.	○	○
21	Der soziale Rückzug ist ein typisches Zeichen im Rahmen einer Burnout-Entwicklung.	○	○
22	An einem Burnout leidet nur der Betroffene selbst.	○	○

Antworten:

1 Burnout ist eine Diagnose.

Nein, Burnout ist ein Prozess und bislang keine eigenständige Diagnose.

2 Burnout ist eine Depression.

Nein, man kann auch eine Depression haben, ohne unter einem Burnout zu leiden. Andererseits leiden die meisten Burnout-Betroffenen unter depressiven Symptomen und erfüllen unter Umständen die Diagnose einer Depression, möglich sind aber z.B. auch Angsterkrankungen oder psychosomatische Beschwerden.

3 Ein Burnout-Prozess hat einen sehr individuellen Verlauf.

Ja, dieser kann von mehreren Monaten bis zu einigen Jahren entstehen und dabei individuell sehr unterschiedliche Beschwerden umfassen. Es gibt über 130 mögliche Symptome im Rahmen des Burnout-Syndroms. Diese umfassen die Bereiche des Verhaltens, der Gedanken, der Gefühle sowie des Körpers. Dieser Symptomkomplex kann sich von Mensch zu Mensch unterscheiden, es gibt jedoch drei übergreifende Burnout-Merkmale: emotionale und physische Erschöpfung, reduzierte Leistungsfähigkeit sowie ein Mangel an emotionaler Beteiligung (Dehumanisierung).

4 Der akute physische und psychische Zusammenbruch (= Burnout) kommt unter Umständen plötzlich.

Ja, bei den meisten Betroffenen gibt es den berühmten Tag X, an dem der Griff zum Telefon erfolgt, um dem Schuldirektor oder den Kollegen mitzuteilen, dass nichts mehr geht und man nicht mehr zur Arbeit kommen wird.

5 Burnout kann jeden treffen.

Ja, denn prinzipiell ist ein Burnout-Syndrom nicht auf bestimmte Menschen oder Tätigkeitsfelder begrenzt. Theoretisch ist niemand immun dagegen. Alles, was Menschen in dauerhaft ausweglose Situationen bringt, kann zu einem Burnout-Prozess führen.

1 | WISSENSWERTES RUND UM BURNOUT

6 Stress an sich ist nicht schädlich.

Ja, denn es gibt auch ein Maß und eine Qualität an Stress, die anregend, motivierend und leistungssteigernd sein kann, ohne schädigende Wirkung zu haben. Erst chronischer Stress, der nicht durch Maßnahmen der Regeneration kompensiert wird, kann allerdings zu einem Burnout-Prozess führen.

7 Hauptsächlich ungünstige Bedingungen am Arbeitsplatz verursachen Burnout.

Nein, denn sonst würden alle Menschen mit denselben ungünstigen Arbeitsbedingungen ein Burnout erleiden. In der Regel tragen sowohl äußere Bedingungen als auch die Persönlichkeit zum Burnout bei.

8 Burnout wird begünstigt, wenn die Ressourcen der Person nicht zu den Anforderungen der Umwelt passen.

Ja, dieser Umstand begünstigt die Entwicklung eines Burnout-Prozesses.

9 Wenn Betroffene bereits sehr erschöpft sind, hilft es ihnen wenig, über ihre Probleme und Befindlichkeiten zu sprechen.

Nein, ein offener und offenbarender Umgang mit Problemen stellt einen Schutzfaktor gegen Burnout dar. Besonders Personen, wie etwa der vertrauenswürdige Lebenspartner oder gute Freunde, sollten daher unbedingt in die Sach-, Problem- und Gefühlslage eingeweiht werden.

10 Bei der Burnout-Entstehung besteht ein Ungleichgewicht zwischen Anstrengung und Belohnung bzw. Erholung.

Ja, eine Burnout-Entwicklung wird begünstigt, wenn Menschen sich sehr bemühen, einsetzen und engagieren und gleichzeitig nicht für ausreichende Erholungsphasen sorgen.

11 Burnout kommt von zu viel Stress am Arbeitsplatz.

Nein, Stress am Arbeitsplatz allein reicht nicht. Der Umgang mit den Stressoren ist individuell unterschiedlich, und so gibt es sowohl einen förderlichen als auch einen ungünstigen und ungesunden Umgang mit Stressoren. Nicht jeder, der viel Stress in der Schule hat, bekommt automatisch Burnout.

12 Die Wertschätzung meiner Arbeit spielt im Burnout-Prozess eine bedeutende Rolle.

Ja, bei entsprechend anerkennender Wertschätzung werden die eigenen Leistungen sowie das persönliche Engagement in einer Burnout-präventiven Weise anerkannt.

13 Im Lehrerberuf ist das Risiko, an einer Erschöpfungssymptomatik zu erkranken, deutlich erhöht.

Ja, es gibt einige Berufe, wie etwa den Lehrerberuf oder auch andere soziale, helfende Berufe, in denen ein besonders hohes Burnout-Risiko besteht.

14 Risikofaktoren für Burnout können sowohl in der Person, in den Arbeitsbedingungen, in der Umwelt als auch in gesellschaftlichen Bedingungen begründet liegen.

Ja, die Ursachen für eine Burnout-Entwicklung sind zumeist komplex und haben mehr als einen Ursprung.

15 Eine Burnout-Entwicklung hat wenig mit der eigenen Persönlichkeit zu tun.

Nein, der Umgang mit Stress, die Interpretation von Stress auslösenden Bedingungen und Umständen, die Bewertung eines Stressors sowie eigene Denk- und Verhaltensmuster hängen stark mit einer Burnout-Entwicklung zusammen.

16 Hohe eigene Leistungsansprüche begünstigen eine Burnout-Entwicklung.

Ja, etwa der Hang zum Perfektionismus oder die Tendenz, keine Fehler machen zu wollen oder sich für alles überverantwortlich zu fühlen und entsprechend engagiert oder auch kontrollierend zu sein, begünstigen eine Burnout-Entwicklung.

17 Burnout-Betroffene sind häufig hoch motiviert und engagiert in ihren Beruf gestartet.

Ja, sehr häufig handelt es sich bei Burnout-Betroffenen um Menschen, die Ihrem Beruf gegenüber ursprünglich hoch motiviert und engagiert eingestellt sind.

18 Die mangelnde Fähigkeit zur Abgrenzung begünstigt eine Burnout-Entwicklung.

Ja, Menschen, die den starken Wunsch haben, bei ihren Mitmenschen und Kollegen beliebt zu sein, und oder den Wunsch haben, anderen zu helfen, haben größere Schwierigkeiten, sich abzugrenzen und Nein zu sagen. Da sie ihre Belastungsgrenzen daher nicht gut verteidigen können, sind sie in einem höheren Maße burnoutgefährdet.

19 Burnout-Betroffene nehmen frühe Warnsignale des Körpers nicht als bedeutsam oder gar nicht mehr wahr.

Ja, Burnout-Betroffene ignorieren ihre zunehmenden Beschwerden oft über einen langen Zeitraum hinweg oder nehmen sie gar nicht erst wahr, bis sich in der Endphase schließlich Schmerzen, Gefühle von Niedergeschlagenheit oder gar Angst und Panik entwickeln können und ein weiteres Funktionieren im Beruf unmöglich machen. Aus diesem Grund ist das Erlernen einer achtsamen Haltung die Grundlage jeder Burnout-

1 | WISSENSWERTES RUND UM BURNOUT

Prävention und -Therapie. Eine achtsame Lebenshaltung beinhaltet ein gesundheitsförderliches Maß an Selbstfürsorge und somit die wichtige Beachtung eigener Leistungsgrenzen und Befindlichkeiten. Achtsam lebende Menschen sorgen zudem für einen Ausgleich von Belastung und Erholung und beugen einer Erschöpfung somit vor.

20 Nicht jeder, der über einen langen Zeitraum viel und hart arbeitet, bekommt ein Burnout.

Ja, denn ein hohes Arbeitspensum allein verursacht nicht per se ein Burnout. Vielmehr kommt es auch auf spezifische Belastungsfaktoren, wie z.B. mangelnde Anerkennung der eigenen Leistung, oder auch auf die eigene Bewertung der Arbeitssituation an. Dauerstress, dem die Betroffenen nicht entkommen können, ist allerdings gefährdend.

21 Der soziale Rückzug ist ein typisches Zeichen im Rahmen einer Burnout-Entwicklung.

Ja, denn Menschen neigen dazu, sich in einem Prozess der Erschöpfung zunehmend zurückzuziehen, um auf diese Weise vermeintlich die Energiereserven zu erhalten. Soziale Aktivitäten erscheinen den Betroffenen zu aufwändig und anstrengend.

22 An einem Burnout leidet nur der Betroffene selbst.

Nein, denn auch Familie, Partner oder Freunde sind zumeist betroffen. In einem Zustand der Erschöpfung werden Betroffene emotional geizig. Das Maß an gefühlsmäßigem Erleben, Beteiligen und Austauschen leidet und belastet damit die Nähe, das Vertrauen sowie die Intimität einer Partnerschaft, einer Freundschaft oder eines familiären Miteinanders.

Denken Sie daran: Burnout ist ein Prozess, bei dem Beschwerden, Leidensdruck sowie Beeinträchtigungen zunehmen. Lassen Sie es nicht so weit kommen.

Wie viele Kreuze haben Sie richtig gesetzt? Gab es Antworten, die Sie überrascht haben?

Mit dem Basiswissen aus diesem Test können Sie nun zum nächsten Schritt übergehen: Prüfen Sie im folgenden diagnostischen Kapitel, ob und, wenn ja, wie stark Sie burnoutgefährdet sind. Diese Selbstreflexion und Diagnose bildet die Basis für die gezielte Anwendung von präventiven Maßnahmen und Lösungsstrategien.

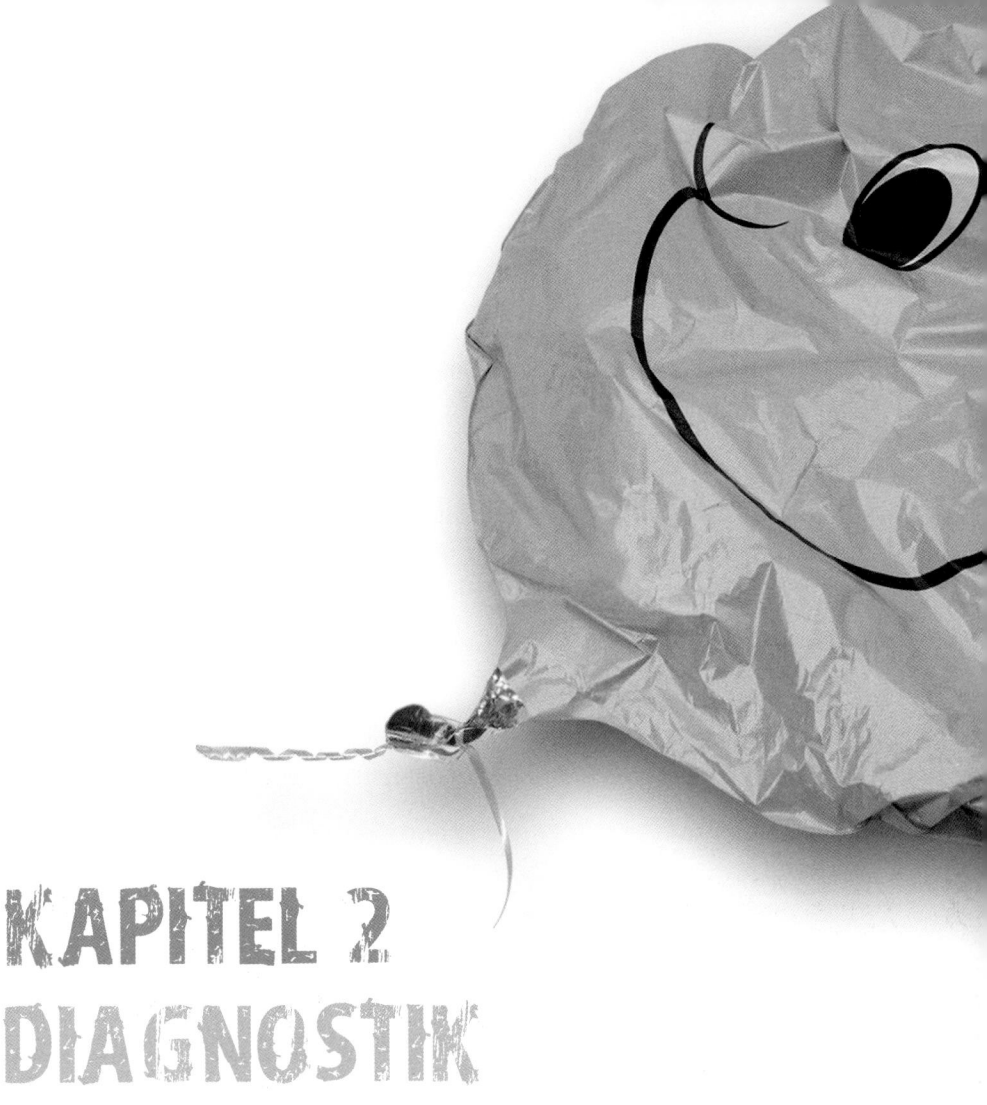

KAPITEL 2
DIAGNOSTIK

2 | DIAGNOSTIK

Worum geht's?

Nachdem Sie durch das Burnout-Quiz zunächst einen kurzen theoretischen Überblick über die Komplexität des Themas Burnout erhalten haben, können Sie durch die folgenden Tests und Fragebögen etwas differenzierter herausfinden, ob Sie sich in Bezug auf eine potenzielle Burnout-Entwicklung in einem gefährdeten oder aber unbedenklichen Bereich befinden. Darüber hinaus geben Ihnen die Ergebnisse spezifische Hinweise darauf, wie sich eine eventuelle Erschöpfungssymptomatik bei Ihnen äußert bzw. welche Ursachen hierfür bei Ihnen eine Rolle spielen, also welche äußeren und inneren Stressoren Ihnen Energie rauben. Konkret geht es um folgende Themen:

* **Burnout-Schnelltest** – Mit diesem Test ermitteln Sie, wie erschöpft Sie sind und wo Sie im Burnout-Prozess stehen.

* **Checkliste zur Kurz-Diagnostik** – Anhand dieser Checkliste ergeben sich Hinweise auf eine ggf. bestehende andere psychische Erkrankung.

* **Fragebogen zum Thema Erholung und Belastung** – Hier testen Sie Ihren Ausgleich zwischen Belastungen und Erholung: Erholen und entspannen Sie sich in Anbetracht Ihrer beruflichen und privaten Belastungen ausreichend?

* **Fragebogen zum Thema Stressoren im Lehreralltag** – Dieser Fragebogen dient zur Selbsteinschätzung Ihrer eigenen Stressmanagementkompetenzen.

* **Fragebogen zur Identifikation Ihrer inneren Antreiber** – Durch diesen Fragebogen identifizieren Sie Ihre Stress verstärkenden inneren Stimmen, also Grundhaltungen in Ihrem Leben, die eine Burnout-Erkrankung begünstigen können.

So wird's gemacht

Jeder Test kann in beliebiger Reihenfolge bearbeitet und separat ausgewertet werden. Dazu finden Sie jeweils eine genaue Anleitung und einen Auswertungsabschnitt, an den sich ggf. genauere Erläuterungen anschließen.

Die Ergebnisse sollen Ihnen dabei helfen, einen Überblick über die für Sie relevanten und hilfreichen Kapitel und Übungen zu gewinnen, damit Sie zielgerichtet an sich arbeiten können.

Bitte beachten Sie jedoch, dass Tests und Fragebögen vor dem Hintergrund der Komplexität des Burnout-Syndroms lediglich dazu dienen können, eine erste Einschätzung zu erhalten. Sie können keine fachgerechte Diagnostik ersetzen.

Los geht's!

Burnout-Schnelltest
Der folgende Test misst Anzeichen für eine bestehende Erschöpfung.

Anleitung: Beurteilen Sie, wie zutreffend die folgenden Aussagen in den letzten zwei Wochen für Sie waren, und kreisen Sie die entsprechende Ziffer ein.

Burnout?	trifft nicht zu	trifft kaum zu	trifft ziemlich zu	trifft deutlich zu	trifft sehr zu
1 Der Urlaub reicht nicht mehr aus für Regeneration.	0	1	2	3	4
2 Ich habe keine Kraft mehr, fühle mich erschöpft.	0	1	2	3	4
3 Zu Hause kann ich nicht abschalten.	0	1	2	3	4
4 Ich habe Konzentrationsschwierigkeiten.	0	1	2	3	4
5 Ich mache mehr Fehler als früher.	0	1	2	3	4
6 Ich habe Entscheidungsschwierigkeiten.	0	1	2	3	4
7 Ich leide unter Schlafstörungen.	0	1	2	3	4
8 Ich bin anfällig für Erkältungen.	0	1	2	3	4
9 Ich lache deutlich weniger.	0	1	2	3	4
10 Ich habe weniger Mitgefühl als früher.	0	1	2	3	4
11 Ich bin aggressiv und reizbar, „fahre leicht aus der Haut".	0	1	2	3	4
12 Ich habe neben der Schule keine Zeit und Muße für Hobbys und andere außerberufliche Aktivitäten.	0	1	2	3	4
13 Ich ziehe mich zurück, habe keine Kraft mehr für meine Familie und Freunde.	0	1	2	3	4

2 | DIAGNOSTIK

14	Ich habe das Gefühl, meinen Aufgaben nicht mehr gut gewachsen zu sein.	0	1	2	3	4
15	Ich würde am liebsten alles hinwerfen und meine Ruhe haben.	0	1	2	3	4
16	Es fällt mir schwer, morgens in die Schule zu gehen.	0	1	2	3	4

Auswertung: Rechnen Sie Ihre Punkte zusammen, und teilen Sie das Ergebnis durch 16. So erhalten Sie Ihren persönlichen Burnout-Wert: ☐

Erläuterung:

0–1 Punkte: Sie haben ein geringes Überlastungsrisiko.

1,1–2 Punkte: Es gibt bei ihnen einige Warnsignale, die Ausdruck für eine beginnende Erschöpfung sein könnten. Nehmen Sie diese Anzeichen ernst, und reflektieren Sie mit Hilfe dieses Buches Ihre derzeitige Belastungssituation.

2,1–3 Punkte: Sie haben Belastungshinweise, die verdeutlichen, dass es an der Zeit ist, Stressoren zu identifizieren und zu reduzieren sowie deutlich mehr auf Ihre Erholung und Regeneration zu achten. Suchen Sie mit Hilfe dieses Buches nach Lösungen, um Ihre Situation zu verändern.

>3 Punkte: Sie befinden sich bereits in einem fortgeschrittenen Burnout-Stadium. Sofern Sie noch genügend Energie und Motivation aufbringen können, um Veränderungen selbst zu bewirken, kann Ihnen dieses Buch helfen. Wir empfehlen jedoch eine fachgerechte Diagnostik.

Checkliste zur Kurz-Diagnostik

Burnout ist keine klinische Diagnose und zeigt auch kein einheitliches Beschwerdebild. Burnout-Betroffene erfüllen häufig die Kriterien weiterer psychischer Erkrankungen, darunter befinden sich am häufigsten Depressionen sowie Angst- und Schmerzstörungen. Nachfolgend sind für die jeweiligen Störungsbereiche typische Symptome erfasst, an denen Sie sich orientieren können. Sie zeigen jedoch lediglich eine Tendenz auf und können eine fachgerechte Diagnostik nicht ersetzen.

Anleitung: Kreuzen Sie an, unter welchen der folgenden Beschwerden Sie innerhalb der vergangenen zwei Wochen ggf. gelitten haben.

Depression		
1	Ich fühle mich antriebslos, habe meine Motivation verloren.	○
2	Ich fühle mich niedergeschlagen, kann mich nur selten über etwas freuen.	○
3	Ich habe das Gefühl, wertlos zu sein.	○
4	Vieles erscheint mir hoffnungslos.	○
Angst		
1	Ich habe Panikattacken mit deutlichen körperlichen Beschwerden, wie z. B. Atemnot, starkem Herzklopfen, Schwindel, Zittern, Engegefühl in der Brust.	○
2	Ich bekomme Angst oder Panik in Situationen, die anderen als harmlos erscheinen (wie öffentliche Orte oder Verkehrsmittel, Menschenansammlungen oder geschlossene Räume).	○
3	Wegen meiner Ängste vermeide ich bestimmte Situationen oder Orte.	○
4	Ich habe Angst vor dem Gefühl der Angst.	○
Psychosomatische Beschwerden		
1	Ich habe Schmerzen, die mein Leben beeinträchtigen.	○
2	Ich leide unter Schlafstörungen.	○
3	Ich bin unruhig und angespannt.	○
4	Ich nehme regelmäßig Medikamente (gegen Schmerzen, zum Schlafen oder zum Entspannen).	○
5	Ich bin anfällig für Erkältungen.	○
6	Ich habe einen hohen Blutdruck.	○

Auswertung: Wir raten zu einer vertiefenden professionellen Diagnostik, wenn Sie an mehr als einem der benannten Symptome aus den Bereichen Depression, Angst oder psychosomatische Beschwerden leiden. Achten Sie im Bereich der psychosomatischen Beschwerden darauf, ob einzelne Symptome so stark ausgeprägt sind, dass Sie in alltäglichen Aufgaben beeinträchtigt werden.

2 | DIAGNOSTIK

 **Fragebogen zum Thema Erholung und Belastung**
Dieser Fragebogen enthält Aussagen über Gefühlslagen und Einstellungen, die sich sowohl auf das Arbeitsumfeld als auch auf das Privatleben beziehen.

Anleitung: Beurteilen Sie, wie zutreffend die folgenden Aussagen in den letzten zwei Wochen für Sie persönlich waren, und kreisen Sie die entsprechende Ziffer ein. Lassen Sie keine der Aussagen aus.

		trifft nicht zu	trifft kaum zu	trifft ziemlich zu	trifft deutlich zu	trifft sehr zu
	Erholungen					
1	Ich habe Zeit für Erholung und nutze sie auch.	0	1	2	3	4
2	Ich bekomme genügend Schlaf.	0	1	2	3	4
3	Ich treibe 2- bis 3-mal die Woche für mindestens 30 Minuten Sport.	0	1	2	3	4
4	Ich achte auf gesunde Ernährung.	0	1	2	3	4
5	Ich verbringe Zeit mit den Menschen, die mir wichtig sind (Freunde, Familie, Partner).	0	1	2	3	4
6	Ich gönne mir angenehme Aktivitäten, wie Musik hören, Ausruhen, Lesen etc.	0	1	2	3	4
7	Ich verbringe regelmäßig Zeit in der Natur.	0	1	2	3	4
8	Wellness ist ein fester Bestandteil meines Lebens (Sauna, Massagen, Thermalbäder ...).	0	1	2	3	4
9	Ich investiere Zeit in die Dinge, die mir in meinem Leben wichtig sind (Hobbys, bewusste Freizeitgestaltung, (Weiter-)Bildung, Religion, Philosophie ...).	0	1	2	3	4
10	Ich wende regelmäßig konkrete Entspannungstechniken, wie z.B. Autogenes Training, Meditation oder Yoga, an.	0	1	2	3	4

	Belastungen					
11	Ich stehe unter Zeitdruck.	0	1	2	3	4
12	Ich bin unter- oder überfordert.	0	1	2	3	4
13	Beim Erledigen meiner schulischen Pflichten fehlen mir die nötigen Mittel wie Arbeitsmaterialien und Informationen oder Unterstützung.	0	1	2	3	4
14	Ich bekomme keine Anerkennung für das, was ich leiste.	0	1	2	3	4
15	Auf meinen Schultern lastet zu viel Verantwortung.	0	1	2	3	4
16	Ich fühle mich allein gelassen.	0	1	2	3	4
17	Mir fehlt die Zeit, meinen Unterricht angemessen vorzubereiten und zu planen.	0	1	2	3	4
18	Es fällt mir schwer, Prioritäten zu setzen und sie einzuhalten.	0	1	2	3	4
19	Ich fühle mich in Bezug auf meine (Arbeits-)Belastungen in der Schule machtlos, habe keinen Einfluss.	0	1	2	3	4
20	Durch meine schulischen Pflichten muss ich oft auf meine Freizeitaktivitäten verzichten.	0	1	2	3	4

Auswertung:

Schritt 1: Addieren Sie Ihre Punkte aus dem Bereich „Erholungen":

Erholungswert:

Schritt 2: Addieren Sie Ihre Punkte aus dem Bereich „Belastungen":

Belastungswert:

2 | DIAGNOSTIK

Schritt 3: Tragen Sie Ihre zwei Werte im unten stehenden Koordinatensystem ein. Je weiter Ihr Kreuz in einer der markierten Ecken liegt, desto mehr trifft die dafür jeweils angegebene Erläuterung zu.

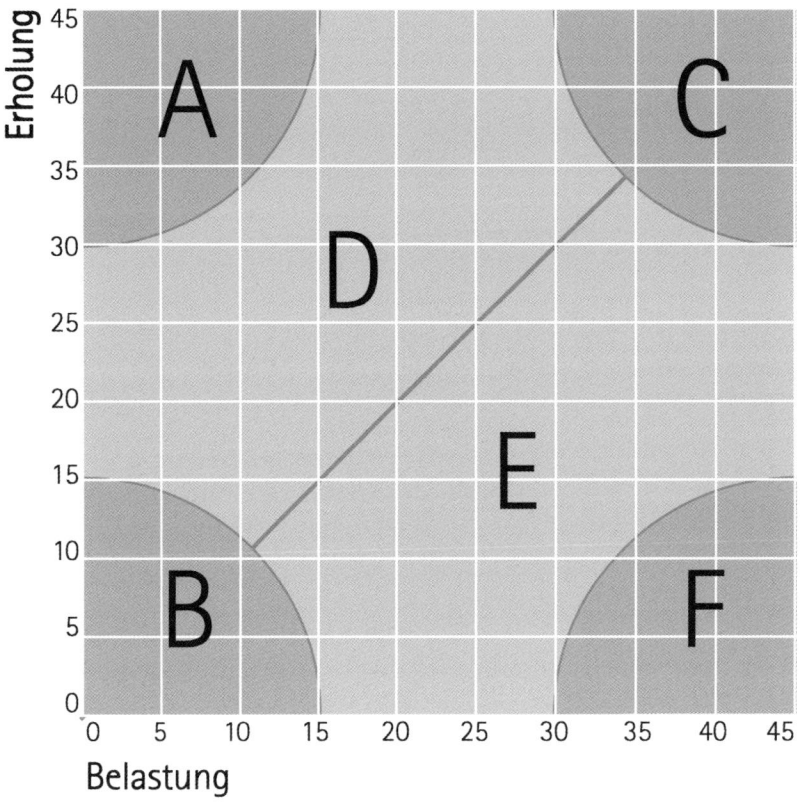

→ Grafik 1: Auswertungsschema Erholung/Belastung

Erläuterung:

A: Ihr Arbeitspensum stellt keine übermäßige Belastung dar, Sie gleichen Energieverluste in gesundheitsförderlicher Weise aus und nehmen sich ausreichend Zeit für sich.

⇨ Tipp: Weiter so!

B: Ihre Arbeitsbelastung ist zwar unbedenklich, jedoch gestalten Sie Ihre Freizeit weniger abwechslungsreich, anregend, wohltuend oder inspirierend, als es ihnen gut tun könnte.

⇨ Tipp: Gestalten Sie Ihre Freizeit vielseitiger.

C: Ihr Arbeitspensum verlangt viel Kraft, Einsatz und Energie, gleichwohl achten Sie auf eine regelmäßige, aktive und ausgleichende Freizeitgestaltung, die Ihnen Energie spendet und Sie anregt. Langeweile ist ein Fremdwort für Sie.

⇨ Tipp: Ihnen könnten Wellness und Entspannungstechniken besonders gut tun, um neben Ihren Aktivitäten auch Einheiten von Muße, Ruhe und Entspannung zu finden.

D: Erholungen und Belastungen scheinen bei Ihnen in einem ausgeglichenen Verhältnis zu sein.

⇨ Tipp: Bleiben Sie weiterhin so achtsam, und steuern Sie frühzeitig gegen, falls nötig.

E: Sie gleichen die Belastungen in Ihrem Leben nicht ausreichend durch Erholungs- und Entspannungseinheiten aus, wodurch ein Risiko für eine Burnout-Erkrankung gegeben ist.

⇨ Tipp: Lassen Sie sich von unserem Kapitel „Erholung und Selbstfürsorge" (S. 32 ff.) inspirieren, und reduzieren Sie durch gezielte Strategien Ihre alltäglichen Stressoren.

F: Burnout-Risiko: Ihre hohen Arbeitsanforderungen werden nicht ausreichend durch Energie spendende oder Erholung bringende Freizeitaktivitäten ausgeglichen. Sollte dieses Ungleichgewicht schon lange Zeit bestehen, könnten sich bereits erste Symptome im körperlichen, mentalen oder emotionalen Bereich manifestiert haben.

⇨ Tipp: Identifizieren Sie Ihre Warnsignale im Kapitel „Symptome und Bewältigungsstrategien" (S. 49 ff.). Sorgen Sie für mehr Erholung und angemessenen Ausgleich, gestalten Sie Ihre Freizeit gesundheitsförderlicher und Energie spendender. Reduzieren Sie außerdem Ihre Belastungsfaktoren.

Fragebogen zum Thema Stressoren im Lehreralltag

Anleitung: Analysieren Sie nun Ihre berufsspezifischen Stressoren genauer, indem Sie zunächst in der mittleren Spalte alle für Sie relevanten Stressoren ankreuzen und diese dann in der rechten Spalte dahingehend beurteilen, wie stark belastend Sie sie in den vergangenen zwei Wochen erlebt haben. Nutzen Sie dafür folgende Skala:
1 = gar nicht; 2 = wenig; 3 = mittel; 4 = ziemlich; 5 = sehr

2 | DIAGNOSTIK

Äußere Stressoren	Das stresst mich!	Ausmaß an Belastung
Zu volle Klassen	○	
Hohe Lärmbelastung	○	
Eingeschränkte Lehrmöglichkeiten durch Mangel an Platz, Technik, Arbeitsmaterialien ...	○	
Zu viel Lehrstoff in zu wenig Zeit lehren müssen	○	
Keine Zeit für individualisierten und differenzierten Unterricht	○	
Mangelnde Mitarbeit von Schülern	○	
Zu leistungsheterogene Klassen	○	
Zu viele verhaltensauffällige Schüler (unruhig, aggressiv, undiszipliniert)	○	
Alle Schüler individuell fördern und jedem helfen wollen – aber es nicht können	○	
Mobbing seitens der Schüler oder durch Kollegen	○	
Ständig Elterngespräche führen müssen	○	
Aufgebrachte Eltern	○	
Hohe Erwartungen der Eltern	○	
Eltern kooperieren nicht	○	
Starre vorgegebene Strukturen von der Schulleitung	○	
Das Gefühl, kein Mitspracherecht/keine Möglichkeiten der Mitgestaltung zu haben	○	
Zu viele oder zu aufwändige Vorgaben durch die Schulleitung	○	
Zu viele/zu lange Konferenzen	○	
Zu viel Papierkram und Dokumentationsaufwand	○	
Ärger mit Kollegen	○	
Mangelnde Kooperation im Kollegium	○	
Mangelnde Anerkennung meiner Arbeit	○	
Zu viel Kritik an meiner Arbeit	○	
Termindruck	○	
Multitasking: alles auf einmal machen und können müssen	○	
Keine Pause in der Pause	○	
Zu viele Unterrichtsstunden	○	
Zu viele Korrekturen	○	
Homeoffice und Privatleben nicht trennen können	○	
Chronisch zu viel zu tun haben	○	

Eigene Ansprüche und personenbezogene Ursachen	Das stresst mich!	Ausmaß an Belastung
Immer flexibel sein müssen durch viele unvorhersehbare Störungen	○	
Alle Schüler gerecht bewerten wollen/müssen	○	
Vor den Schülern keine Schwäche zeigen dürfen	○	
Nicht krank sein dürfen, um Kollegen nicht zu belasten	○	
Auf dem neusten fachlichen und methodischen Stand sein müssen	○	
Das Gefühl, nur für die Arbeit zu leben	○	
Nicht Nein sagen können	○	
Allen hilfsbedürftigen Schülern auch Hilfe geben wollen	○	
Selbstzweifel	○	
Unpassende Konfliktbewältigung durch Rückzug, Schweigen oder Eskalation	○	

Auswertung: Es handelt sich hierbei um eine qualitative Auswertung, es geht also um die Art und Eigenheit einzelner Stressoren und darum, wie sie sich auf Ihr Stresserleben auswirken. Vergegenwärtigen Sie sich alle Stressoren, die Sie mittel (3) bis sehr stark (5) belasten. In diesem Buch werden Sie entsprechende Tipps und Bewältigungsstrategien kennenlernen, die Ihnen dabei helfen können, mit diesen Stressoren besser umzugehen. Machen Sie sich am besten eine Prioritätenliste, und fangen Sie mit der Bearbeitung derjenigen Stressoren an, die Sie am meisten belasten.

Fragebogen zur Identifikation Ihrer inneren Antreiber

Zu den personenbezogenen Ursachen gehören auch so genannte „innere Antreiber". Innere Antreiber sind Leitsätze, nach denen wir unser Verhalten – zum Teil unbewusst – ausrichten. Um einer Burnout-Gefährdung entgegenzuwirken, müssen Sie Ihre persönlichen inneren Antreiber zunächst identifizieren.

Anleitung: Gehen Sie die folgenden 24 Gedanken nacheinander durch, und kreisen Sie dahinter jeweils an, inwiefern sie Ihre Haltung oder Ihre inneren Stimmen am ehesten abbilden – haben Sie solch einen Gedanken kaum, manchmal oder häufig?

2 | DIAGNOSTIK

	Gedanken	kaum	manch-mal	häufig	Gruppen-Zuordnung
1	Ich schaff' das nicht.	0	1	2	**2**
2	Das schaffst du auch noch!	0	1	2	**3**
3	Ich bin Schuld.	0	1	2	**6**
4	Ich muss da sein, wenn man mich braucht.	0	1	2	**3**
5	Ich bin für Erfolge und Misserfolge meiner Kinder, Schüler, Kollegen etc. verantwortlich.	0	1	2	**6**
6	Starke Menschen brauchen keine Hilfe.	0	1	2	**1**
7	Auf mich muss 100 %iger Verlass sein.	0	1	2	**3**
8	Ich will nicht, dass jemand böse auf mich ist.	0	1	2	**4**
9	Wenn ich zu Hause und in der Schule nicht funktioniere, dann bricht alles zusammen.	0	1	2	**5**
10	Ich hätte das wissen/sehen/tun müssen.	0	1	2	**6**
11	Lass dir nicht anmerken, dass du unsicher bist!	0	1	2	**1**
12	Probleme und Schwierigkeiten bringen mich in Not.	0	1	2	**2**
13	Ich will nicht mehr.	0	1	2	**2**
14	Ich mach' es lieber selbst; beim Delegieren passieren sonst nur Fehler.	0	1	2	**5**
15	Das habe ich wohl in den Sand gesetzt.	0	1	2	**6**
16	Wieso mag der/die mich nicht?	0	1	2	**4**
17	Nur die Harten kommen in den Garten!	0	1	2	**1**
18	Es ist wichtig, dass ich alles unter Kontrolle habe.	0	1	2	**5**
19	Hoffentlich bekomme ich das hin.	0	1	2	**2**
20	Vermeide Fehler!	0	1	2	**3**
21	Ich kann Konflikte nur schwer ertragen.	0	1	2	**4**
22	Ich muss durchhalten!	0	1	2	**1**
23	Wie komme ich bei meinen Kollegen/ bei den Schülern/bei den Eltern an?	0	1	2	**4**
24	Es ist schlimm, wenn etwas nicht so läuft, wie ich es will.	0	1	2	**5**

Auswertung: In der letzten Spalte der Fragebogen-Tabelle befindet sich die Zuordnung der Gedanken zu einer von sechs Auswertungsgruppen. Addieren Sie für die Auswertung zunächst alle von Ihnen eingekreisten Punkte bei den Gedanken der Gruppe 1 miteinander, und machen Sie in der unten stehenden Auswertungstabelle bei dem jeweiligen Punktewert ein Kreuz. So verfahren Sie mit jeder einzelnen Gruppe.

Je höher der Gesamtpunktwert einer Gruppe, desto mehr lassen Sie sich von diesem Gedanken antreiben. Liegt ein Kreuz im dunkelgrauen Bereich (also bei 6 oder mehr Punkten), ist dieser Wert im Hinblick auf eine mögliche Burnout-Entwicklung bedenklich, sodass wir Ihnen dringend empfehlen, an diesen inneren Antreibern zu arbeiten (s. S. 144). Liegt ein Kreuz im hellgrauen Bereich, so ist die Ausprägung dieses Leitsatzes bei Ihnen eher unbedenklich.

Gruppe 1	Ich muss stark sein!							
Gruppe 2	Ich kann das nicht!							
Gruppe 3	Ich muss alles perfekt machen!							
Gruppe 4	Ich muss beliebt sein!							
Gruppe 5	Ich brauche Kontrolle!							
Gruppe 6	Ich bin verantwortlich!							
Punktewert:		1	2	3	4	5	6	7	8

Erläuterung:

Gruppe 1: Ich muss stark sein! – Der Stressverstärker besteht in dieser Gruppe in einem überhöhten Wunsch nach Selbstbestimmung und Unabhängigkeit. Damit verbunden ist oft eine überhöhte Angst vor Abhängigkeit von anderen, vor Schwäche und vor eigener Hilfsbedürftigkeit.

Gruppe 2: Ich kann das nicht! – Der Stressverstärker besteht hier in einem überhöhten Wunsch nach Sicherheit und einem berechenbaren Leben. Damit verbunden sind eine geringere Frustrationstoleranz und Gefühle der Hilflosigkeit sowie eine ausgeprägte Angst vor Misserfolgen und vor Anstrengung.

2 | DIAGNOSTIK

Gruppe 3: Ich muss alles perfekt machen! – Der Stressverstärker besteht in diesem Fall in einem absolutistisch überhöhten Wunsch nach Anerkennung, Erfolg und Selbstbestätigung durch andere. Damit verbunden ist eine übermäßige Angst vor eigenen Fehlern, Misserfolg und Ablehnung.

Gruppe 4: Ich muss beliebt sein! – Der Stressverstärker besteht in dieser Gruppe in einem überhöhten Wunsch nach Liebe, Zugehörigkeit und Akzeptanz. Damit verbunden ist eine erhöhte Angst vor Kritik, Abwertung und Ablehnung durch andere.

Gruppe 5: Ich brauche Kontrolle! – Der Stressverstärker besteht hier in einem überhöhten Wunsch nach Sicherheit und Kontrolle. Damit verbunden sind eine ausgeprägte Angst vor Kontrollverlust, Fehlentscheidungen und Scheu vor Risiken.

Gruppe 6: Ich bin verantwortlich! – Der Stressverstärker besteht in diesem Fall in einem überhöhten Wunsch nach Harmonie. Das Wohlbefinden anderer ist ebenso wichtig wie die Übereinstimmung des eigenen Verhaltens mit den eigenen Werten. Damit verbunden ist eine ausgeprägte Angst vor dem Gefühl der Hilflosigkeit, der Schuld, dem eigenen Versagen sowie moralischen Verfehlungen.

Denken Sie daran: Reflektieren Sie stets, wo im Burnout-Prozess sie stehen und welche inneren Antreiber bei Ihnen wirken. Ergründen Sie die Ursachen dafür, und beginnen Sie Schritt für Schritt, eine Veränderung herbeizuführen.

KAPITEL 3
ÜBUNGEN, METHODEN, STRATEGIEN

3 | ÜBUNGEN, METHODEN, STRATEGIEN

Lieber Leser, Sie haben nun schon eine Menge Wissenswertes rund um das Thema Burnout erfahren. Zudem hatten Sie Gelegenheit, Ihren eigenen Standort in Bezug auf dieses Thema durch diverse Tests und Fragebögen zu ermitteln. Sie verfügen nun über einen tieferen Einblick und können anhand der Übungen, Methoden und Strategien, die wir Ihnen in diesem Kapitel vermitteln möchten, gezielt an Ihren persönlichen Konflikten, Schwierigkeiten und Belastungen arbeiten.

Wir wünschen Ihnen dabei gutes Gelingen und Freude am Ausprobieren neuer Verhaltensweisen!

Ausgleich von Erholung und Belastung schaffen

Es erscheint fast zu einfach, um wahr zu sein, aber tatsächlich kann sich ein schädigender Erschöpfungszustand vornehmlich dann entwickeln, wenn es einerseits anhaltend massive und zeitlich überdauernde Belastungen und andererseits zu wenig Ausgleich durch Erholung und Entspannung gibt. Ein Burnout-Prozess kann somit durch ein andauerndes Ungleichgewicht im Energiehaushalt entstehen. Auch anhaltende Belastungen und hohe Anforderungen sind nicht per se als gefährdend zu verstehen. Es gibt engagierte Menschen, die ihr Leben lang viel und intensiv arbeiten, ohne je in eine ernsthafte, beeinträchtigende Erschöpfung, Überlastung oder Überforderung zu geraten. Woran liegt es also, dass die einen unter den Herausforderungen der Lehrtätigkeit leiden und sogar daran erkranken, während andere diese Herausforderungen als reizvoll und anregend erleben?

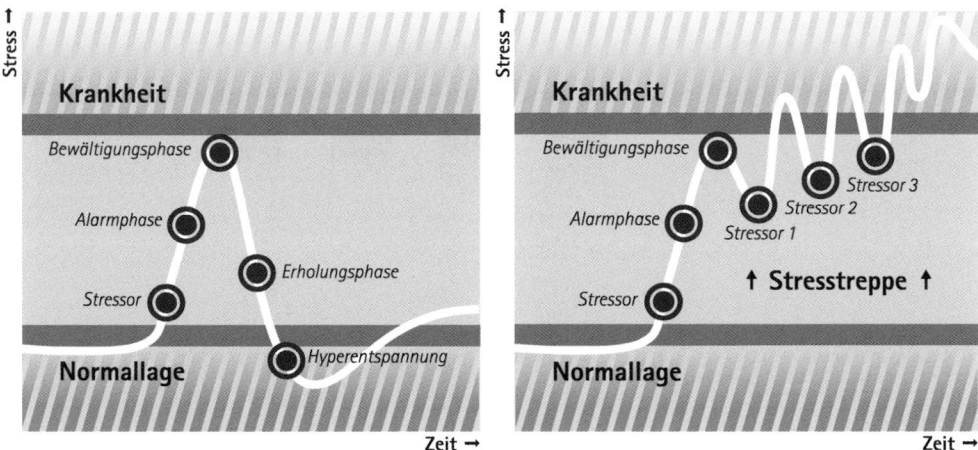

→ Grafik 2: links: Energiehaushalt im Gleichgewicht, rechts: Energiehaushalt im Ungleichgewicht – fehlende Erholungsphasen führen zu einer Stresstreppe

Natürlich spielen die spezifischen Ursachen, unsere persönlichen Merkmale sowie die Art, Dauer und Intensität der Belastungen eine Rolle im Burnout-Prozess, dennoch kommt es auch in bedeutsamer Weise auf das Verhältnis zwischen den Belastungen und dem Erholungsverhalten an.

In Grafik 2 können Sie links einen unbedenklichen Verlauf der Stresskurve erkennen, indem auf eine Phase der Anspannung und Bewältigung eine Phase der Regeneration folgt und der Körper somit physiologisch wieder in einen neutralen und erneut belastbaren Zustand versetzt wird. Bleibt die Erholungsphase nach der Bewältigung eines Stressors jedoch aus, so steigt die allgemeine körperliche Anspannung mit jedem neuen Stressor stetig an. Physiologisch bleibt der Körper dann unter Stress und schüttet entsprechende Hormone und Botenstoffe aus. Auf Grund des erhöhten Anspannungsniveaus erhöht sich auch die Fähigkeit, Stressoren zu begegnen, ohne Symptome oder gesundheitliche Schäden zu entwickeln, weil sich der Körper zunächst anpasst. Langfristig ist es aber dennoch gesundheitsschädigend, die Erholungsphasen auszulassen. Der folgenden Grafik 3 können Sie entnehmen, wie ein belasteter Körper durch erhöhte Anspannung auf Stressoren reagiert. Während wir in einem Zustand der niedrigen allgemeinen Anspannung (links) nicht nur kleine Stressoren (z.B. Zuspätkommen) meistern, sondern durchaus auch größere Stressoren (z.B. ein familiärer Konflikt) in unbedenklicher Weise bewältigen können, führen dieselben Stressoren unter physiologisch hoher Anspannung (rechts) zu Belastungen und Schädigungen. Kommt ein Stressor zu einer allgemein hohen Anspannung hinzu und übersteigt damit die Symptomschwelle (gestrichelte Linie), kann es zu körperlichen, kognitiven oder emotionalen Beschwerden kommen, und der Leidensdruck kann enorm steigen.

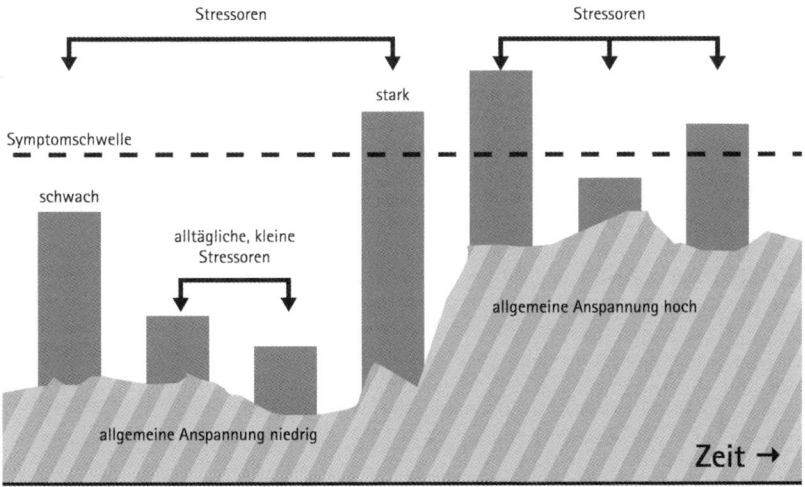

→ Grafik 3: Stress-Vulnerabilitätsmodell

3 | ÜBUNGEN, METHODEN, STRATEGIEN

In den folgenden Kapiteln werden wir Ihnen nun unterschiedliche Möglichkeiten anbieten, wie Sie Ihren Körper in einen gesunden physiologischen Zustand bringen können, sodass ihr allgemeines körperliches Anspannungsniveau sinkt, Sie besser gegen Stressoren gewappnet sind und Belastungen besser bewältigen können, ohne Beschwerden oder Symptome zu entwickeln. Lassen Sie sich von den unterschiedlichen Möglichkeiten inspirieren, Ihr Leben vitaler, freudvoller, entspannter und gesundheitsbewusster zu gestalten. Erwarten Sie keine sofortigen Erfolge, denn eine Umstellung Ihres physiologischen Zustandes sowie Ihrer mentalen Einstellung bedarf einer gewissen Umgewöhnungszeit und Geduld. Wir Menschen sind Gewohnheitstiere, entsprechend schwer fällt es uns, Gewohnheiten zu verändern. Es gilt, diesen inneren Schweinehund zu überwinden, um mehr Lebensqualität zu erzielen. Je häufiger Sie jedoch die vorgeschlagenen Übungen wiederholen, desto schneller werden sich spürbare Veränderungen und Erfolge bemerkbar machen.

Denken Sie daran: Die Menge der Arbeit allein führt nicht zu einer Burnout-Entwicklung! Gefährdet sind Sie erst dann, wenn Sie nicht für ausreichende und ausgleichende Erholungsphasen sorgen. Lassen Sie sich im Folgenden über die vielen unterschiedlichen Wege und Möglichkeiten einer ausbalancierten Lebensweise inspirieren!

Erholung und Selbstfürsorge

Worum geht's?
Viele Menschen leben, um zu arbeiten, statt zu arbeiten, um zu leben.
Doch aus der Burnout-Forschung ist bekannt: Wer viel arbeitet, sollte auch intensiv leben, also die freie Zeit intensiv und sinnvoll nutzen! Zur Vorbeugung eines Burnouts ist es insofern wichtig, den anhaltenden und belastenden Herausforderungen, Lebensumständen sowie konkreten Stressoren eine gesundheitsförderliche Lebensweise entgegenzusetzen.

Wissenswertes
Bei der Prävention von Stresserkrankungen spielen gesundheitsfördernde Verhaltensweisen, wie Sport, Ernährung und Schlaf (siehe Kapitel 3, S. 46 ff.), sowie stressausgleichende Aktivitäten zur Erholung und Entspannung eine große Rolle. Um ein gesundes Gegengewicht zu belastenden Anforderungen herzustellen, ist eine achtsame Lebensgestaltung wichtig, in der ausreichend Zeit für Erholung und Entspannung vorgesehen

ist. So gibt es etwa das Autogene Training, unterschiedliche Meditationsverfahren, Yoga und vieles mehr. Zusätzlich zu diesen aktiven Entspannungsverfahren können Sie eine Lebenshaltung entwickeln, die ausreichend Raum und Zeit für erholsame und selbstfürsorgliche Aktivitäten vorsieht.

Aus der Glücksforschung ist bekannt, dass die allgemeine Lebenszufriedenheit insbesondere auch damit zusammenhängt, wie häufig wir so genannte „Flow-Erlebnisse" haben. Unter „Flow" verstehen Glücksforscher das völlige Aufgehen und Vertiefen in einer Tätigkeit, in der das Zeitgefühl verloren geht. Es gibt Glücksforscher, die betonen, dass es kein glückliches Leben gibt, sondern lediglich ein Leben mit einer unterschiedlichen Anzahl glücklicher Momente. Die Herausforderung besteht also zunächst einmal darin, diejenigen Tätigkeiten und Aktivitäten für sich herauszufinden, die mit großer Zufriedenheit, mit Freude, Genuss und vor allem mit „Flow" einhergehen.

Stressforscher haben herausgefunden, dass die meisten Menschen unter belastenden Lebensbedingungen, bei Zeitmangel oder in Erschöpfungsphasen ausgerechnet diejenigen Aktivitäten reduzieren, die ihnen eigentlich gut tun, also die zur Regeneration beitragen und die Energiereserven wieder auffüllen könnten. Neben Tätigkeiten, die in erster Linie eine entspannende Wirkung haben, können vor allem auch soziale Kontakte Kraft geben. Doch es hat sich gezeigt, dass Menschen, die sich kraftlos oder niedergeschlagen fühlen, besonders häufig mit sozialem Rückzug reagieren. Ist die Erschöpfung bereits weiter fortgeschritten, fehlen den Betroffenen der Antrieb und die Kraft für zwischenmenschliche Kontakte. Zudem wird befürchtet, dass Dritte die eigene missliche Lage erkennen könnten – auch aus dieser Angst heraus meiden und reduzieren Betroffene zunehmend soziale Kontakte. Wir sind jedoch soziale Wesen und erleben besondere Befriedigung und Freude, wenn wir mit vertrauten Menschen zusammen sind, wenn wir gemeinsam Spaß haben, uns angeregt, unterstützend oder tiefsinnig unterhalten können oder wenn wir gemeinsame Aktivitäten unternehmen können. Das Zusammensein mit anderen stellt daher eine wichtige Energieressource dar und kann insbesondere in Krisenzeiten eine wichtige und unterstützende Funktion haben. Das Ausmaß an Bedürftigkeit nach sozialen Kontakten kann allerdings von Mensch zu Mensch variieren.

Neben dem fehlenden Antrieb gibt es einen weiteren Grund dafür, dass durch Burnout gefährdete Menschen gerade dann auf Erholung und Genuss verzichten, wenn sie sich besonders gestresst fühlen. Dies liegt an unserer deutschen Kultur, in der der Selbstfürsorge, dem Beachten eigener Bedürfnisse oder dem Streben nach Glück, Genuss oder Muße eher eine sekundäre Bedeutung zugemessen wird. Gehören auch Sie zu den Menschen, die gelernt haben, dass die Pflicht wichtiger ist als die Kür? („Erst die Arbeit, dann das Vergnügen"/„Müßiggang ist aller Laster Anfang"/„Ohne Fleiß kein Preis"/ „Wer feiern kann, kann auch arbeiten" …)

3 | ÜBUNGEN, METHODEN, STRATEGIEN

Um tägliche Herausforderungen langfristig ohne übermäßige Einbußen in der Vitalität und Zufriedenheit bewältigen zu können, ist es wichtig, eine selbstfürsorgliche Lebenshaltung zu gewinnen. Die wissenschaftliche Erkenntnis, dass dauerhafte Leistungen einen regenerierenden Ausgleich benötigen, sollte bestenfalls zu einer Maxime werden, zu einem Selbstverständnis, wonach Sie Ihre Balance zwischen Belastung und Erholung bewusst gestalten und Ihre Selbstgestaltung zur Priorität wird. Das Ausmaß der Belastung ist nicht zwangsläufig schädigend, sofern konsequent ein entsprechender Ausgleich in Form von Erholung oder Entspannung gefunden wird.

Gehen Sie in diesem Bewusstsein an die folgenden Übungen heran, und finden Sie den Italiener in sich – üben Sie sich in Dolce Vita!

Übungen, Methoden, Strategien

Die Regenerationsliste – Was tut mir gut?

Lassen Sie sich von unserer „Regenerationsliste" inspirieren, und finden Sie diejenigen Tätigkeiten heraus, die ihnen gegenwärtig oder in der Vergangenheit zu Freude, Genuss, Entspannung, Erholung oder Glück im Sinne des Flow verholfen haben.

STOLPERSTEIN Gehören Sie zu den Menschen, die sich beim Fernsehen entspannen wollen? Dann sollten Sie wissen, dass Sie Ihrem Gehirn während des Fernsehens keine Auszeit gönnen. Wir sind täglich und unaufhörlich auf uns einwirkenden Reizen ausgeliefert, aus gesundheitlicher Sicht ist es jedoch wichtig und ratsam, dem Gehirn auch reizfreie Zeiten anzubieten bzw. die Sinne bewusst und achtsam zu aktivieren, und zwar mit Reizen, die einen Erholungswert haben. Lassen Sie sich von unseren nachweislich entspannenden Aktivitäten inspirieren.

Anleitung: Tragen Sie in der folgenden Tabelle für jede Aktivität ein, ob Sie sie bereits anwenden (– = nie, + = selten, ++ = manchmal, +++ = oft) und wie gut Ihnen die Tätigkeit tut (– = ist nichts für mich, + = hilft mir etwas, ++ = tut mir sehr gut, +++ = bringt mich in einen Flow).

	Wende ich schon an − / + / ++ / +++	Tut mir gut − / + / ++ / +++
Für mal kurz zwischendurch		
positive Zukunftspläne schmieden (Kinobesuch, Reisen …)		
Puzzle oder Kreuzworträtsel/Sudokus lösen		
ein Vollbad nehmen		
singen		
Entspannungsverfahren, wie PME (Progressive Muskelentspannung) oder Meditation, anwenden		
ein Fußbad nehmen		
Körperpflege zelebrieren		
spazieren gehen		
ausgiebig küssen		
jemanden massieren		
sich massieren lassen		
Yoga/Tai Chi/Qi Gong/Pilates praktizieren		
in Ruhe in der Zeitung stöbern		
Musik hören oder selbst musizieren		
im Café sitzen		
über eine interessante Frage nachdenken		
mit Kindern spielen		
sich sonnen		
anderes: _____		
Für freie Stunden		
mit Freunden treffen		
ein Buch lesen		
shoppen gehen		
malen/zeichnen		
fotografieren		
Sport treiben (z.B. joggen, Squash, Fußball)		
etwas bauen/basteln		
an technischen Dingen arbeiten (Auto, Motorrad …)		
Karten spielen		
ins Theater/Konzert gehen		
mit jemandem essen gehen		

3 | ÜBUNGEN, METHODEN, STRATEGIEN

zum Frisör gehen		
ein Hörbuch hören		
Briefe/Gedichte/Geschichten schreiben		
neue Rezepte ausprobieren		
in die Sauna gehen		
zum Spieleabend einladen		
diskutieren/philosophieren		
die Wohnung dekorieren		
bewusst die Natur genießen		
etwas Besonderes kochen/ein neues Rezept ausprobieren		
anderes: _____		
Für freie Tage		
ins Grüne fahren		
ans Meer fahren		
mit dem Partner einen Tag im Bett verbringen		
ins Thermalbad gehen		
ein Kunstwerk schaffen		
anderes: _____		

Auswertung: Schauen Sie sich genau an, welche Tätigkeiten Sie als „tut mir (sehr) gut" also mit ++ oder +++ bewertet haben. Ihr Ziel sollte es nun sein, diese Tätigkeiten möglichst oft bis sehr oft (++ oder +++) anzuwenden! Dabei hilft Ihnen die nächste Übung.

Erholung fest einplanen

Anleitung: Planen Sie nun anhand des folgenden Wochenplans die nächsten zwei Wochen, indem Sie **jeden Tag eine Einheit** „Erholung und Entspannung" – je nach zeitlicher Kapazität aus den Bereichen „Für mal kurz zwischendurch", „Für freie Stunden" oder „Für freie Tage" – in Ihr Tagesprogramm einplanen und die jeweilige Aktivität notieren. Suchen Sie insbesondere nach Aktivitäten, die Ihnen persönlich gut tun, denen Sie jedoch bisher nicht oder nur selten nachgegangen sind. Vielleicht fallen Ihnen auch weitere positive Aktivitäten ein. Markieren Sie anschließend, ob sie ihre geplante Aktivität eingehalten haben, und belohnen Sie sich, oder tragen Sie ggf. die Verhinderungsgründe ein. So erkennen Sie die Gründe, die Sie von einer selbstfürsorglichen Lebensweise abhalten. Stellen Sie sich kritisch die Frage, ob diese Gründe triftig und bedeutend sind.

Wochenplan für meine Selbstfürsorge

Datum der Woche:	Montag ___ Uhr	Dienstag ___ Uhr	Mittwoch ___ Uhr	Donnerstag ___ Uhr	Freitag ___ Uhr	Samstag ___ Uhr	Sonntag ___ Uhr
Aufstehzeit							
Vormittag							
Nachmittag							
Abend							
Bettzeit ___ Uhr							
Ggf. Verhinderungsgrund							
Mögliche Belohnung							

3 | ÜBUNGEN, METHODEN, STRATEGIEN

Selbstfürsorge

Im Folgenden finden Sie eine Liste mit menschlichen Bedürfnissen, deren Befriedigung mit dem Gefühl der allgemeinen Zufriedenheit und Vitalität verbunden ist. Psychische Gesundheit zeichnet sich dadurch aus, dass Menschen diese Bedürfnisse haben, wahrnehmen und befriedigen.

Anleitung: Bitte schätzen Sie ein, wie sehr das jeweilige Bedürfnis bei Ihnen in den letzten zwei Wochen erfüllt wurde, und formulieren Sie bei Wunsch oder Bedarf jeweils einen entsprechenden, gesundheitsförderlichen Vorsatz, an dem Sie sich künftig orientieren wollen.

Grundsätzliche menschliche Bedürfnisse	Bisherige Umsetzung 0 = gar nicht bis 4 = sehr oft
liebevolle Zuwendung erfahren	
an der frischen Luft sein	
essen, wenn ich hungrig bin	
auf genügend Schlaf achten	
mich auch zwischendurch mal kurz auspowern	
Pausen einlegen, insbesondere wenn die Konzentration nachlässt	
sich bedürftige Gefühle (z.B. Nähe oder Sicherheit) erlauben und sie „einfordern"	
Zuneigung zu anderen Menschen zeigen	
Zuneigungsäußerungen von anderen erkennen und annehmen	
Humor zulassen und ausleben	
weinen, wenn mir danach ist	
für ausreichend autonomen Freiraum sorgen	
aktiv entspannen	
die eigene Leistung wahrnehmen und anerkennen	
achtsam sein; bewusst wahrnehmen, hören, sehen, riechen, schmecken, fühlen	
ausgiebige Körperpflege betreiben	
sich eigene Wünsche erfüllen (Bildung, Kleidung, Ruhe, Hobbys ...)	
Nein sagen, um sich gegen Ungewolltes abzugrenzen	
auf gesunde Ernährung achten	
Dinge tun, die lustorientiert sind	

Auswertung: Anhand Ihrer Bewertung sehen Sie, welche Ihrer grundsätzlichen Bedürfnisse ausreichend befriedigt werden und welchen Sie gezielt mehr Beachtung schenken sollten.

> **Denken Sie daran:** Es gibt kein glückliches Leben, es gibt nur eine unterschiedliche Anzahl glücklicher Momente. Werden Sie Ihres Glückes Schmied, indem Sie Tag für Tag auf Ihre Zufriedenheit achten, Ihre Bedürfnisse ernst nehmen und sich in Selbstfürsorge üben. Damit beugen Sie einer potenziellen Burnout-Entwicklung wirkungsvoll vor, reduzieren Ihr allgemeines Anspannungsniveau und erhöhen im Sinne der Glücksforschung die Anzahl ihrer Glücksmomente und Flow-Erlebnisse.

Achtsamkeit

Worum geht's?

Achtsamkeit ist im Sinne der Burnout-Prävention eine Fertigkeit von großer Bedeutung, da sie wirkungsvoll helfen kann, körperlichen und seelischen Stress abzubauen und eine Haltung zu gewinnen, die die Selbstfürsorge in den Fokus nimmt. Achtsamkeit ist die Grundvoraussetzung dafür, sich selbst, seinen Körper sowie eigene Bedürfnisse wahrnehmen zu können.

Das Konzept stammt ursprünglich aus dem Zen-Buddhismus und beschreibt „die Fähigkeit, in jedem Augenblick unseres täglichen Lebens wirklich präsent zu sein. [...] Achtsamkeit ist eine Art von Energie, die jedem Menschen zur Verfügung steht. Wenn wir sie pflegen, wird sie stark, wenn wir sie nicht üben, verkümmert sie. [...] Achtsamkeit lässt uns erkennen, was im gegenwärtigen Augenblick in uns und um uns herum wirklich geschieht" (Thich Nhat Hanh 2012, S. 19).

Wissenswertes

Zu einem Burnout kommt es vor allem, wenn die zu bewältigenden Aufgaben und Herausforderungen nicht beeinflusst werden können, wenn sie nicht mehr in einer gesunden Balance zu einem notwendigen Erholungsverhalten stehen und wenn eigene Bedürfnisse oder Belastungsgrenzen nicht mehr angemessen wahrgenommen oder verteidigt werden können. Viele Menschen verlieren unter Dauerbelastung die Fähigkeit oder Möglichkeit, eigene Kraftressourcen im Sinne der Selbstfürsorge zu schonen und regelmäßig innezuhalten, um sich bewusst zu besinnen und achtsam mit sich selbst zu

3 | ÜBUNGEN, METHODEN, STRATEGIEN

sein. Häufig kommt es zu einer Missachtung von Frühwarnsignalen, die unser Körper uns sendet, um auf dieses Ungleichgewicht zwischen Belastung und Erholung aufmerksam zu machen. Insofern fördert Achtsamkeit die Fähigkeit, durch eine bewusst aufmerksame Haltung, vorhandene Energien zielgerichtet, schonend und wirkungsvoll einzusetzen und das Überschreiten eigener Grenzen zu erkennen.

→ Grafik 4: Die Grafik zeigt, wie wir sein und was wir tun müssen, um eine achtsame Haltung einzunehmen.

Eine achtsame Haltung nehmen wir ein, wenn wir **annehmend**, wohlwollend und akzeptierend sind, also mit den Dingen, die in uns oder um uns herum geschehen, offen, unvoreingenommen und wertfrei umgehen. Dabei blicken wir auf das Geschehen, indem wir es wahrnehmen und beschreiben, nicht aber kategorisieren oder gar bewerten. Wir betrachten uns und die Welt sozusagen mit dem Anfängergeist eines Kindes, indem wir uns auf das unmittelbare, besinnliche Erleben konzentrieren.

Durch diese wertfreie Haltung entwickeln wir Gelassenheit, können unangenehme Gedanken und Gefühle wahrnehmen und sie einfach vorbeiziehen lassen, ohne sie festzuhalten oder zu verurteilen. Da die Bewertung einer Situation stets das dazugehörige Gefühl mitbestimmt, können wir auf diese Weise den unangenehmen Gefühlen ihre Macht nehmen, ohne dass wir uns von ihnen überfluten, ablenken oder verwickeln lassen. Statt Energie durch Ärger oder Frustration zu vergeuden, können wir diese zielgerichtet einsetzen oder bewusst schonen.

Eine achtsame Haltung nehmen wir zudem ein, wenn wir konzentriert sind, d.h. wenn wir mit unserer vollen und bewussten Aufmerksamkeit bei einer Sache im Hier und Jetzt bleiben, statt zwei oder mehrere Dinge gleichzeitig zu tun. Wenn wir bspw. essen, dann essen wir, ohne etwa unseren bevorstehenden Tagesablauf zu planen. Wenn wir gehen, dann gehen wir, ohne dabei Telefonate zu erledigen. Wir besinnen uns auf das,

was wir gerade fühlen, riechen, sehen, tun oder schmecken. Wenn wir merken, dass andere Geschehnisse, Gefühle oder Gedanken uns störend ablenken, dann lösen wir uns bewusst von diesen Gefühlen oder Gedanken und besinnen uns immer wieder auf das, was wir gerade tun. Wir lassen uns nicht ablenken, sondern mobilisieren unsere ganze Aufmerksamkeit, um lebendig und achtsam zu bleiben.

Konzentrieren Sie sich auf das, was in der Situation gerade möglich ist, seien sie **wirkungsvoll**. Verfolgen Sie diejenigen Tätigkeiten, die gerade zu tun sind und die förderlich sind, um ihr Ziel zu erreichen. Setzen Sie in Ihrem Handeln all Ihre Fertigkeiten zielgerichtet ein, lassen Sie dabei störende Gedanken oder Gefühle einfach vorüberziehen, widmen Sie sich nicht Ihrem Ärger oder Ihren Zweifeln. Diese gelassene und kraftvolle Haltung wird zu mehr Effektivität führen, Sie werden Ihre Ziele klarer vor Augen sehen und wirkungsvoller umsetzen können. Wer achtsam mit sich selbst und seinem Körper umgeht und auch seine Grenzen kennengelernt hat, hat gute Voraussetzungen, sich selbstverantwortlich und gesundheitsförderlich zu verhalten.

Als eine Form der Achtsamkeit kann die Genussfähigkeit verstanden werden. Wer sich selbst Gutes tun und aktiv Situationen herstellen kann, die mit Genuss und Freude verbunden sind, hat einen wichtigen Schutzfaktor zur Vorbeugung von allgemeinen psychischen Belastungen und muss so bspw. nicht auf Genussmittel oder Alkohol zurückgreifen, um sich Wohlbefinden oder Lust zu verschaffen. Wer seine eigenen Möglichkeiten für Genuss und Lebensfreude entdeckt und entwickelt, hat damit zu einer wichtigen Ressource Zugang, die ihm hilft, auch schwierige Lebensphasen und belastende Situationen besser zu bewältigen.

Obwohl das Thema Genuss in unserer Gesellschaft überall präsent ist und durch Werbung, Lifestyle und Konsum vermittelt wird, ist es für viele Menschen nicht selbstverständlich, über den Konsum hinaus zum Genießen Zugang zu finden. Genussfähigkeit bedarf einer inneren Bereitschaft, es braucht Zeit, Gegenwart, Hingabe und eine Empfindsamkeit der Sinne. Während Säuglinge und kleine Kinder noch einen sehr unmittelbaren und genießerischen Kontakt mit sich selbst und der Umwelt haben, geht dies im Laufe des Erwachsenwerdens in der Regel zunehmend verloren. Unter den Bedingungen von Konsumorientierung, Zeitdruck, Überforderung, Stress und Reizüberflutung ist es schwer, die kindliche Erlebnisfähigkeit und Hingabe aufrechtzuerhalten bzw. Genussfähigkeit zu entwickeln.

Im Rahmen der Achtsamkeit lassen sich etwa kulinarische Genüsse als Bestandteil der Ess- und Trinkkultur, geistige Genüsse, wie das Hören von Musik oder das Lesen interessanter Lektüre, sowie der körperlichen Genuss, z.B. als Teil der Sexualität oder bei Massagen, unterscheiden.

3 | ÜBUNGEN, METHODEN, STRATEGIEN

Übungen, Methoden, Strategien

Im Folgenden stellen wir ihnen unterschiedliche Übungen zur Achtsamkeit vor, die durch die Konzentration auf ein Sinnesorgan Ihre Genussfähigkeit schult. Es geht um die Fähigkeit, achtsam etwas wahrzunehmen, etwas zu beschreiben und etwas zu tun bzw. an etwas teilzunehmen. Sie können diese Übungen ohne zusätzlichen Zeitaufwand in Ihren Alltag integrieren.

In den Übungen zum **Wahrnehmen** geht es darum, all diejenigen Dinge möglichst detailliert zu registrieren, die Sie in diesem Moment mit Ihren Sinnen aufnehmen. Konzentrieren Sie sich dabei zunächst auf jeweils einen Sinneskanal, wobei Sie die Übungen mit allen Sinnen variieren können – sehen, hören, riechen, fühlen und schmecken. Nehmen Sie diese Empfindungen wahr, ohne sie zu bewerten oder zu kategorisieren.

Beim achtsamen **Beschreiben** geht es darum, das, was Ihre Sinne aufnehmen, nicht nur wahrzunehmen, sondern auch Worte dafür zu finden. Geben Sie dem, was Sie sehen, hören, riechen, fühlen oder schmecken eine Bezeichnung, und beschreiben Sie Ihre Empfindungen objektiv, also nicht wertend. Wenn Sie diese Fähigkeit in alltäglichen Situationen anzuwenden lernen, wird Ihnen langsam aber sicher ein gelassener Umgang mit negativen Gedanken und Gefühlen gelingen. Hierdurch gewinnen Sie einen größeren Abstand zu alltäglichen Stressoren.

Ziel der Übung zum **Handeln** ist es, sich voll zu konzentrieren und im Hier und Jetzt zu sein. Tätigkeiten, die Sie achtsam ausführen, können alltägliche Handlungen sein oder auch knifflige Aufgaben, die Ihre gesamte Aufmerksamkeit erfordern. Es geht also um die maximale Fokussierung dessen, was sie gerade tun, unabhängig davon, ob es sich um herausfordernde Tätigkeiten handelt, die mit Anspannung einhergehen, oder ob es sich um entspannte Tätigkeiten handelt. Beides wird Ihnen bei einem achtsamen Umgang effektiver und wirkungsvoller gelingen. Negative Gedanken und Gefühle werden unterbunden, bevor sie Sie ablenken und Ihnen Energie rauben, die Sie an anderer Stelle gut gebrauchen können.

STOLPERSTEIN

Womöglich sind Sie während der Übungen abgelenkt und denken: „Ich kann mich nicht konzentrieren."? Wahrscheinlich bewerten Sie Ihre Beobachtung dann und ärgern sich: „So ein Mist! Ich kann das nicht!" – Statt jedoch Ihre Gedanken zu bewerten, sollten Sie diese einfach registrieren und sich anschließend ganz gelassen wieder voller Aufmerksamkeit und Konzentration der Übung widmen. Auf diese Weise fahren Sie einfach mit der Übung fort, ohne sich dauerhaft ablenken zu lassen oder gar zu grämen. Mit der Zeit wird Ihnen dies zunehmend leichter gelingen.

Übung zum Wahrnehmen 1: Verköstigung

Diese Übung fokussiert Ihre Wahrnehmung bewusst auf das, was Sie gerade essen oder trinken.

Anleitung: Nehmen Sie sich zum Üben bspw. ein Stück Schokolade oder ein Stück Obst, und essen Sie es ganz bewusst, indem Sie sich auf die Geschmacksnuancen, die Konsistenz, die Temperatur oder die Oberflächenbeschaffenheit konzentrieren. Lassen Sie sich dabei Zeit, und nehmen Sie aufmerksam wahr, was wann und in welcher Weise in ihrem Mund passiert. Beobachten Sie die Veränderungen, und nehmen Sie alles aufmerksam wahr, ohne es zu bewerten.

Übung zum Wahrnehmen 2: Body-Scan

Anleitung: Legen Sie sich auf den Rücken, oder machen Sie es sich auf einem Stuhl bequem, und schließen Sie die Augen. Nehmen Sie alle körperlichen Empfindungen wahr, und registrieren Sie Ihre Gedanken, ohne sie zu bewerten oder weiter zu vertiefen. Lenken Sie Ihre Aufmerksamkeit in die unten stehenden Körperregionen – vielleicht hilft es Ihnen, sich dabei vorzustellen, wie Sie in die jeweiligen Körperteile hineinatmen.

... der linke Fuß als Ganzes
... die Zehen des linken Fußes
... die linke Fußsohle, die Ferse und der Knöchel
... die linke Wade, das Knie und der Oberschenkel
... der rechte Fuß als Ganzes
... die Zehen des rechten Fußes
... die rechte Fußsohle, die Ferse und der Knöchel
... nun von der rechten Wade ... zum Knie ... und zu den Oberschenkeln
... vom Po über das Steißbein
... zum unteren und oberen Rücken
... beachten Sie, wie sich Ihre Bauchdecke beim Atmen hebt und senkt
... gehen Sie von der Brust
... zur linken Schulter
... zum linken Arm als Ganzes, dann zur Hand und zu den Fingern
... zur rechten Schulter
... zum rechten Arm als Ganzes, dann zur Hand und zu den Fingern
... zur Mundpartie, zu den Nasenflügeln, den Augen, der Stirn
... und schließlich bis zum obersten Punkt Ihres Kopfes

3 | ÜBUNGEN, METHODEN, STRATEGIEN

Nehmen Sie den jeweiligen Teil Ihres Körpers für einen kurzen, aber intensiven Moment wahr, und achten Sie dabei auf Ihre Körperhaltung, eventuelle Temperaturveränderungen sowie auf die Anspannung bzw. Entspannung einzelner Körperteile. Prägen Sie sich nach und nach die einzelnen Körperteile ein, sodass Sie sie verinnerlichen und zunehmend auch ohne Anleitung regelmäßig einen Body-Scan durchführen können.

Nehmen Sie sich mindestens einmal am Tag etwa zehn Minuten Zeit für einen aufmerksamen, achtsamen Body-Scan.

Integrieren Sie diese Übung in den Alltag, indem Sie z.B.
… morgens achtsam einen Tee trinken. Nehmen Sie die wohltuende Wärme und das besondere Aroma bewusst wahr.
… achtsam duschen. Nehmen Sie die Temperatur sowie den Wasserdruck auf Ihrem Körper bewusst wahr.
… beim Arbeiten zu Hause innehalten und Ihre Körperempfindungen bewusst wahrnehmen.
… in den Pausen die Aufmerksamkeit von dem allgemeinen Lärmpegel des Schulhofs für einen Moment auf die Naturgeräusche lenken

Übung zum Beschreiben: Marsbewohner

In dieser Übung versetzen Sie sich in die Lage eines Marsbewohners, der das erste Mal auf die Erde kommt, um später seinen Artgenossen von dem hiesigen Leben und Treiben zu berichten.

Anleitung: Setzen Sie sich auf eine Bank im Park, auf dem Pausenhof, vor Ihrem Haus etc., und konzentrieren Sie sich auf die Menschen, Dinge und Geschehnisse, die Sie um sich herum beobachten. Versuchen Sie Ihre Beobachtungen so detailgetreu wie möglich zu beschreiben, ohne sie zu interpretieren oder zu bewerten und ohne übliche Bedeutungszusammenhänge herzustellen. Vergegenwärtigen Sie sich so genau wie möglich, wie sich die Menschen mit Autos fortbewegen, wie sie mit kleinen Geräten am Ohr kommunizieren oder sich im direkten Gespräch miteinander gebärden.
Denken Sie immer daran, dass es um das bloße Beschreiben geht, nicht um Interpre-tationen oder Bewertungen.

Integrieren Sie diese Übung in den Alltag, indem Sie z.B.
… achtsam Ihre Umgebung und andere Menschen charakterisieren, z.B. auf dem Weg nach Hause, beim Bahn- oder Busfahren, ohne sie zu bewerten.
… detailgenau eine Pflanze am Wegesrand oder im Lehrerzimmer beschreiben.
… ein Bild oder ein Plakat auf eine Weise beschreiben, als hätte Ihr Gegenüber, dem Sie von dem Bild erzählen, die Augen verbunden.

Übung zum Handeln: Atmen und Zählen

Anleitung: Nehmen Sie sich zehn Minuten Zeit, suchen Sie sich eine Sitzgelegenheit, und setzen Sie sich aufrecht, aber bequem hin. Schließen Sie Ihre Augen, um sich noch etwas besser auf die Übung konzentrieren zu können. Beginnen Sie nun, ruhig, tief und gleichmäßig zu atmen. Nehmen Sie einen tiefen Atemzug, und zählen Sie beim Ausatmen von 1 bis 10. Teilen Sie sich Ihre Luft so ein, dass Sie bei 10 vollständig ausgeatmet haben. Holen Sie nun wieder tief Luft, und beginnen Sie beim Ausatmen erneut mit dem Zählen von 1 bis 10. Konzentrieren Sie sich ausnahmslos auf das Zählen, lassen Sie sich dabei nicht ablenken. Sollten Gefühle, Bilder oder Gedanken entstehen, so bleiben Sie gelassen, lächeln Sie sich selbst freundlich zu, und lassen Sie Ihre Gedanken, Gefühle oder Bilder einfach weiterziehen wie Wolken am Himmel. Beginnen Sie erneut zu zählen.

Integrieren Sie Übungen zum Handeln in den Alltag, indem Sie z.B.
… achtsam Ihre Tasche für den Tag packen (dabei also nur daran denken, was Sie einpacken müssen).
… achtsam Geschirr spülen: Versuchen Sie, dabei möglichst keine Geräusche zu machen!
… sich bei jedem Zähneputzen gleichzeitig die Haare kämmen.

Denken Sie daran: Achtsamkeit ist eine Fertigkeit, die es zunächst zu erlernen gilt. Integrieren Sie regelmäßig kleine Übungen in Ihren Alltag, und schon nach wenigen Wochen werden Sie merken, wie Sie
* Ihre eigenen Bedürfnisse besser wahrnehmen können.
* durch die Fähigkeit des objektiven Beschreibens emotionalen Abstand zu negativen Gedanken entwickeln können.
* durch achtsames Handeln kleine Dinge in Ihrem Alltag wirkungsvoller umsetzen können.

Wenn Sie sich vertieft mit dem Thema Achtsamkeit beschäftigen möchten, empfehlen wir Ihnen dieses Buch:
Kabat-Zinn; J.: Achtsamkeit für Anfänger, Freiamt, Arbor 2009.

3 | ÜBUNGEN, METHODEN, STRATEGIEN

Gesundheit

Worum geht's?

Mit einer gesunden Lebensweise schaffen Sie den Grundstein für ein Wohlbefinden von Körper und Geist. Das Wissen um die grundsätzlichen Regeln für eine gesundheitsbewusste Lebensweise führt jedoch bei den meisten Menschen nicht zwangsläufig dazu, diese auch konsequent anzuwenden. Lassen Sie sich also von diesem Kapitel anregen und erneut ermutigen, vielleicht gibt es ja doch die eine oder andere neue Erkenntnis oder Inspiration.

Wissenswertes

Zum Thema Gesundheit gibt es eine schier unendliche Menge an Büchern und Ratgebern. Wir gehen davon aus, dass Sie nicht nur zu einer reflektierten, sondern auch aufgeklärten Leserschaft gehören, sodass Sie sicher schon viel über gesundheitsbewusste Lebensgestaltung gelesen und erfahren haben. Zur Erinnerung, Vertiefung oder Inspiration werden wir Ihnen die wichtigsten Aspekte einer gesundheitsförderlichen Lebensweise daher nur kurz erläutern und Sie dann anhand unserer Checkliste zur Auseinandersetzung mit diesem Thema einladen.

Wussten Sie, dass nur 4 % unseres Selbst bewusst sind? 96 % unseres Selbst agieren im Unbewussten, jenseits dessen also, was wir wahrnehmen, erkennen oder beeinflussen können. Sie werden sich nun fragen, was das mit Gesundheit zu tun hat, oder? Vielleicht erklärt sich dadurch ja unser innerer Schweinehund, der dafür sorgt, dass wir keinen Sport machen, obwohl wir wissen, wie gut es uns tut. Und wussten Sie, dass ausreichender Schlaf die größte, wichtigste und am leichtesten zu erreichende Quelle der Kraft und Energie für uns Menschen ist? Dass eine grundsätzlich ausgewogene und gesunde Ernährung die Basis dafür ist, sich vital, energetisch, kräftig und leistungsstark zu fühlen? (Andererseits beeinträchtigen gelegentliche Fast-Food-Exzesse Ihre Gesundheit nicht.) Ist Ihnen bewusst, dass regelmäßige sportliche Bewegung für Ihr allgemeines Wohlbefinden förderlich ist, Ihren Körper kräftigt, ihn in Balance bringt und bei einer stressvollen Lebensweise die Maßnahme gegen gesundheitsschädigende Auswirkungen von Stress ist, wie z.B. Herz-Kreislauf-Erkrankungen? Ausdauersport baut zudem das Stresshormon Cortisol direkt ab und hat somit einen unmittelbaren gesundheitsförderlichen Effekt. Darüber hinaus zeigen wissenschaftliche Studien, dass regelmäßiger Ausdauersport bei vielen Menschen einen ähnlich positiven Effekt auf die Stimmung haben kann wie antidepressive Medikamente.

Übungen, Methoden, Strategien

Überprüfen Sie nun, wie gesund Sie tatsächlich leben, und entscheiden Sie sich gegebenenfalls dafür, einige günstige Verhaltensweisen in den Alltag zu integrieren oder auch ungünstige Gewohnheiten abzulegen.

Mein Gesundheits-Check-up

Im Folgenden haben wir für Sie die wichtigsten Regeln für eine gesunde und vitale Lebensweise zusammengestellt.

Anleitung: Gehen Sie die Liste durch: Welche der Regeln halten Sie bereits ein? Welche beherzigen Sie gelegentlich? Welche eigentlich nie? Kreuzen Sie an, und machen Sie sich so Ihren Veränderungsbedarf bewusst.

Ernährung			
Ich ...	Diese Regel beachte ich ...		
	☹	😐	🙂
nehme regelmäßige Mahlzeiten ein.	○ fast nie	○ gelegentlich (1–2x/Woche)	○ an den meisten Tagen
esse frisches Obst und Gemüse.	○ fast nie	○ gelegentlich (1–2x/Woche)	○ an den meisten Tagen
vermeide es, ständig zwischendurch Süßigkeiten zu naschen.	○ fast nie	○ gelegentlich (1–2x/Woche)	○ an den meisten Tagen
vermeide es, Fastfood zu essen.	○ fast nie	○ gelegentlich (1–2x/Woche)	○ an den meisten Tagen
achte auf gesunde, pflanzliche Fette und vermeide tierische Fette.	○ fast nie	○ gelegentlich (1–2x/Woche)	○ an den meisten Tagen
genieße meine Mahlzeiten bewusst.	○ fast nie	○ gelegentlich (1–2x/Woche)	○ an den meisten Tagen
achte auf ausreichend Flüssigkeit (mehr als 2 Liter pro Tag).	○ fast nie	○ gelegentlich (1–2x/Woche)	○ an den meisten Tagen

3 | ÜBUNGEN, METHODEN, STRATEGIEN

Bewegung			
Ich ...	Diese Regel beachte ich ...		
	☹	😐	🔥
mache Sport.	○ selten	○ einmal die Woche (mind. 60 Minuten)	○ mehr als 60 Minuten/ Woche
habe kurze körperliche Aktivierungen im Alltag (zur Haltestelle laufen, mit dem Rad zur Schule fahren, Treppen steigen ...).	○ fast nie	○ gelegentlich (1–2x/Woche)	○ an den meisten Tagen
Konsum			
Ich konsumiere ...	Diese Regel beachte ich ...		
	☹	😐	🔥
Tabak.	○ an den meisten Tagen	○ gelegentlich (1–2x/Woche)	○ fast nie
Alkohol.	○ an den meisten Tagen	○ gelegentlich (1–2x/Woche)	○ fast nie
Drogen oder Beruhigungsmittel.	○ an den meisten Tagen	○ gelegentlich (1–2x/Woche)	○ fast nie
Schlaf			
Ich ...	Diese Regel beachte ich ...		
	☹	😐	🔥
gehe rechtzeitig zu Bett.	○ fast nie	○ gelegentlich (1–2x/Woche)	○ an den meisten Tagen
gehe zu festgelegten Zeiten ins Bett bzw. ich schlafe ausreichend.	○ fast nie	○ gelegentlich (1–2x/Woche)	○ an den meisten Tagen
gestalte meine Schlafumgebung angenehm (frische Luft, für eine gemütliche Atmosphäre sorgen ...).	○ fast nie	○ gelegentlich (1–2x/Woche)	○ an den meisten Tagen

Burnout-Falle Lehrerberuf?

Auswertung: Natürlich müssen Ihre Kreuze für eine gesunde Lebensweise nicht überall im optimalen Bereich der Antworten (also rechts) liegen. Es geht vielmehr darum, sich die wichtigsten Regeln noch einmal vor Augen zu führen, zu überprüfen und sich ggf. zu motivieren, noch etwas mehr auf eine gesunde und vitale Lebensführung zu achten.

Entscheiden Sie sich für Gesundheit: Suchen Sie sich maximal zwei der Gesundheitsregeln aus der Checkliste aus (am besten aus den Bereichen Schlaf und Bewegung), die Sie dauerhaft verändern möchten. Je mehr Sie sich auf einmal vornehmen, desto unwahrscheinlich wird es, dass Sie alles wirklich umsetzen können. Fangen Sie also klein an. Überlegen Sie sich zu jedem Ziel:

1. Warum möchte ich mein Verhalten ändern? Was gelingt dann besser? Warum ist mir das wichtig?
2. Was genau möchte ich verändern? Z.B.: Wann möchte ich zukünftig in Bett gehen? An welchen Tagen möchte ich Joggen gehen? Wo möchte ich anstatt im Fast-Food-Restaurant essen gehen?
3. Was möchte ich machen, wenn mir mein innerer Schweinehund im Wege steht? Was könnten Sätze sein, die mich motivieren? Womit könnte ich mich belohnen, wenn ich mich trotzdem aufraffe?

Denken Sie daran: Eine gesunde Lebensweise ist die Basis dafür, sich wohl und kraftvoll zu fühlen und somit überhaupt erst die Chance zu haben, Stressoren des täglichen Lebens gut zu bewältigen. Machen Sie sich die wichtigsten Gesundheitsregeln bewusst. Motivieren Sie sich, und überwinden Sie Ihren inneren Schweinehund. Schlafen Sie ausreichend, powern Sie sich auch mal aus, ernähren Sie sich ausgewogen, und konsumieren Sie nichts, was Ihnen dauerhaft schaden könnte.

Symptome und Bewältigungsstrategien

Worum geht's?
Sie haben bereits Grundlagenwissen über eine gesundheitsförderliche Lebensbalance erworben. Sollten Sie bereits spezifische Beschwerden entwickelt haben, so ist dies ein Anzeichen dafür, dass bei Ihnen schon seit längerer Zeit ein entsprechendes Ungleichgewicht zwischen Erholung und Belastung vorliegt.

3 | ÜBUNGEN, METHODEN, STRATEGIEN

Die folgenden Kapitel erläutern unterschiedliche Möglichkeiten des Umgangs mit spezifischen Beschwerden bzw. Symptomen.

Wissenswertes

Stressbedingte Beschwerden oder Symptome stellen sich individuell sehr unterschiedlich dar, so wie auch jeder von uns unterschiedlichen inneren als auch äußeren Stressoren ausgesetzt ist. Es gibt über 130 mögliche Symptome und Beschwerden im Rahmen eines Burnouts, daher ist es wichtig, sich für mögliche Frühwarnsignale zu sensibilisieren sowie individuelle Beschwerden rechtzeitig zu erkennen. Die in den unterschiedlichen Phasen eines Burnout-Prozesses auftretenden Beschwerden sind individuell nicht nur vielfältig, sie unterscheiden sich auch in ihrer Häufigkeit und Intensität. Im fortgeschrittenen Stadium einer Burnout-Entwicklung können sich schließlich konkrete Störungs- und Krankheitsbilder mit den entsprechend dazugehörigen Symptomen manifestieren. Ein für ein Burnout charakteristisches Beschwerdebild besteht aus einem anhaltenden körperlichen und emotionalen Erschöpfungsempfinden, einer anhaltenden physischen und psychischen Leistungs- und Antriebsschwäche sowie aus dem Verlust der Fähigkeit, anderen Menschen gegenüber gefühlvoll und empathisch zu sein, was sich durch Zurückziehen oder zynische und reizbare Reaktionen äußert (soziale Erschöpfung).

Wir werden im Folgenden die häufigsten Frühwarnsignale und Beschwerden fokussieren und ihnen konkrete, aus der Verhaltenstherapie bekannte Maßnahmen und Handlungsoptionen vermitteln, um einer möglichen Burnout-Entwicklung vorzubeugen oder ggf. einer bereits fortschreitenden Krankheitsmanifestierung entgegenzuwirken.

Anhand unserer jeweiligen Fragebögen, Tests und Checklisten in Kapitel 2 konnten Sie einschätzen, ob bzw. wie stark sich Ihre Belastungen manifestiert haben. Sollten sich bereits deutliche Beschwerden oder daraus resultierende Beeinträchtigungen in einem oder gar in mehreren Lebensbereichen entwickelt haben, so empfehlen wir eine medizinische und/oder psychotherapeutische Behandlung.

Stressbedingte Beschwerden lassen sich auf vier unterschiedlichen Ebenen zuordnen und beschreiben und stehen in Wechselwirkung zueinander:

Kognitionen: Unsere Gedanken stehen in enger Wechselwirkung zu unseren Gefühlen, unserem Verhalten sowie zu unseren Körperreaktionen. Jeder kognitive Prozess verbraucht Energie und Kraft. Wenn wir uns in einem erschöpften Zustand befinden, reduziert sich unser kognitives Leistungsvermögen, wodurch Energiereserven geschont werden. Hierdurch kommt es u.a. zu Leistungseinbrüchen,

Gedächtniseinschränkungen oder abnehmender Kreativität. Auch die Art und Weise unserer Gedanken unterscheidet sich je nach Belastungsgrad zwischen positiv, zuversichtlich und optimistisch oder aber negativ, besorgt und pessimistisch.

Gefühle: Sie sind ein elementarer Bestandteil unseres Lebens, denn sie verleihen unserem Leben Intensität und Lebendigkeit. Sie dienen dem Überleben des Organismus sowie der Anpassung an die Umwelt. Gefühle helfen uns, Situationen zu bewerten, Handlungsziele zu verfolgen und Präferenzen zu bilden, sie mobilisieren unseren Körper und Geist effektiv und schnell. Letztlich bestimmen Gefühle darüber, wie wir uns Selbst, unsere Person, unser Leben und unsere Zukunft erleben, ob wir uns gern in unserer Haut und in dieser Welt bewegen oder nicht, ob wir glücklich oder unglücklich sind. Auch im Zusammenhang mit Belastungen im Alltag und in der Schule sind Gefühle ein besonders wichtiger Bestandteil unseres Lebens, weil sie unser grundsätzliches Lebensgefühl sowohl positiv als auch negativ beeinflussen können und uns daher entweder Energie schenken oder rauben können.

Körperreaktionen: Lang andauernder Stress wirkt sich vielseitig auf unseren Körper aus. So verursachte Körperreaktionen können sich in Form eines allgemeinen Schwächegefühls darstellen, in Form von Verspannungen oder Schmerzen, als Schlafstörungen, Magen- und Darmbeschwerden, als sexuelle Funktionsstörungen oder Herz- und Kreislaufbeschwerden. So erkranken dauergestresste Menschen mehr als doppelt so häufig an Herz-Kreislaufproblemen, der häufigsten Todesursache in Deutschland. Chronischer Stress führt nachweislich zu einer Schwächung des Immunsystems und schädigt unsere körperliche Gesamtverfassung. Es kommt zu erheblichen Stoffwechselverschiebungen, insbesondere zu einer vermehrten Ausschüttung des Stresshormons Cortisol und zu Störungen der Funktion des vegetativen Nervensystems. Diese Veränderungen des Stoffwechsels können zu körperlichen Krankheiten führen und Mitauslöser von Depressionen sein. Auf diese Weise entwickeln sich körperliche oder psychosomatische Beschwerden.

Verhalten und Antrieb: Unser Verhalten ist die äußerlich sichtbare, beobachtbare und objektiv beschreibbare Reaktion auf innere Prozesse, z.B. Gedankenverläufe oder ausgelöste Gefühle, wie Angst, Wut oder Freude. Unser Verhalten ist zumeist zielgerichtet, verfolgt Absichten, hat Motive und erzeugt Konsequenzen, bspw. durch die Art und Weise, wie wir mit anderen interagieren oder kommunizieren. Unser Verhalten kann angemessen und sozial förderlich oder aber auch inadäquat und konfliktverschärfend sein.

3 | ÜBUNGEN, METHODEN, STRATEGIEN

Übungen, Methoden, Strategien

Nehmen Sie Ihre bereits manifestierten Beschwerden bewusst wahr. Machen Sie sich bewusst, wie und wodurch sich Ihre Beschwerden im Laufe der Zeit entwickelt haben könnten. Ergreifen Sie dann gezielte Maßnahmen gegen Ihre identifizierten Beschwerden, und versuchen Sie, Lösungen zu finden. Sensibilisieren Sie sich künftig für die Erkennung möglicher Frühwarnsignale, um Stressfolgen rechtzeitig entgegenzuwirken. Die folgenden Übungen können Ihnen dabei eine Hilfe sein.

Stress-Symptome auf vier Ebenen

Die Tabelle listet mögliche Frühwarnsignale bzw. Beschwerden auf, die sich als Reaktion auf anhaltende Belastungen oder bei dauerhafter Überforderung einstellen können.

Anleitung: Gehen Sie die Liste Zeile für Zeile durch, und beurteilen Sie, inwiefern sich die aufgelisteten Beschwerden bei Ihnen als Stressreaktion zeigen. Tragen Sie eine **1** ein, wenn sich die Beschwerden unter Stress in leichter Ausprägung zeigen. Tragen Sie eine **2** ein, wenn sich die jeweiligen Beschwerden unter Stress in starker Ausprägung zeigen oder für Sie sehr belastend sind. Bedenken Sie jedoch, dass bestehende Beschwerden und Symptome auch andere Ursachen haben können. Sie selbst können am besten entscheiden, ob bspw. Ihre Migräne oder Ihre Magenschmerzen stressbedingt oder davon unabhängig sind. Ignorieren Sie bei der Beantwortung diejenigen Symptome, die bei Ihnen nachweislich nicht stressbedingt sein können.

Stress-Symptome	
Kognitive/Mentale Ebene	**Ausprägung 1/2**
ständig kreisende Gedanken/Grübeleien	
Konzentrationsstörungen	
Gedächtnisstörungen	
Leere im Kopf	
Tagträume	
Albträume	
Leistungsverlust/häufige Fehler	
automatische Gedanken, wie z.B. „Ich kann nicht mehr", „Ich schaffe das nie", „Ich schmeiße alles hin" oder " Alles ist sinnlos"	
Fluchtgedanken	
weniger Kreativität	
Entscheidungsschwierigkeiten	

Emotionale Ebene	Ausprägung 1 / 2
sich einsam fühlen	
Panikattacken	
Gereiztheit und Ärger	
Angstgefühle/Versagensängste	
Empfindungslosigkeit	
Unzufriedenheit/Unausgeglichenheit	
Lustlosigkeit	
Gefühl der Wertlosigkeit oder Schuld	
Nervosität	
innere Leere	
innerer Widerstand, in die Schule zu gehen	
Verlust des Einfühlungsvermögens	
Körperliche Ebene	**Ausprägung 1 / 2**
Herzklopfen/Herzstiche	
Engegefühl in der Brust	
Schwindel	
Atembeschwerden	
Einschlafstörungen oder unruhiger Schlaf	
chronische Müdigkeit	
Verdauungsbeschwerden	
Magenschmerzen oder flaues Gefühl im Magen	
Übelkeit	
Appetitlosigkeit	
sexuelle Funktionsstörungen	
Muskelverspannungen	
Kopfschmerzen/Migräne	
Gliederschmerzen	
Rückenschmerzen	
kalte Hände/Füße	
vermehrtes Seufzen	
hohe Anspannung	
Ebene des Antriebes und des Verhaltens	**Ausprägung 1 / 2**
aggressives Verhalten gegenüber anderen, Aus-der-Haut-fahren, schnelle Reizbarkeit	
Fingertrommeln, Füßescharren, Zähneknirschen	

3 | ÜBUNGEN, METHODEN, STRATEGIEN

schnelles Sprechen oder Stottern	
andere unterbrechen, nicht zuhören können	
unregelmäßiges Essen	
Konsum von Alkohol oder Medikamenten zur Beruhigung	
sozialer oder innerer Rückzug	
mehr Rauchen als gewünscht	
weniger Sport und Bewegung als gewünscht	
weniger Interesse an Dingen, die vorher Spaß gemacht haben	
im Bett bleiben wollen	
vermehrtes Weinen	

Die einzelnen Beschwerden und Symptome können Ausdruck unterschiedlicher Burnout-Phasen sein. Nur wenn Sie die körperlichen und psychischen Symptome als Folgen von Stress erkennen, können Sie diese auch im Alltag achtsam wahrnehmen und durch gezielte Maßnahmen gegensteuern.

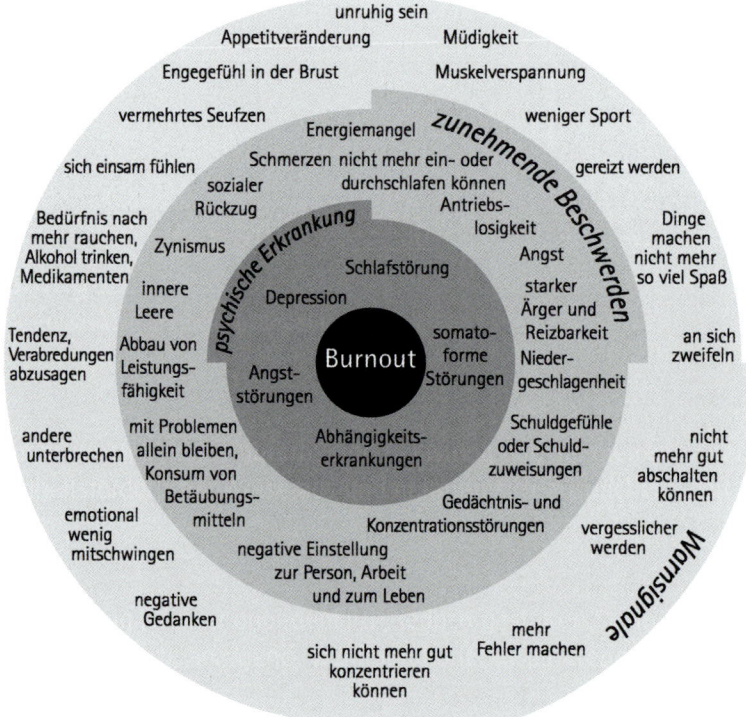

→ Grafik 5: Von ersten Warnsignalen zum Burnout

Einen Überblick über die Entwicklung von stressbedingten Frühwarnzeichen bis hin zu psychischen Erkrankungen können Sie aus der oben stehenden Grafik entnehmen. So zeigen sich im Burnout-Prozess zuerst oft die Frühwarnzeichen aus dem äußersten Kreis, bevor sie sich zu belastenden Beschwerden entwickeln. Je nach Zusammensetzung und Ausprägung lassen sich diese dann schließlich als psychische Erkrankungen klassifizieren. Der „totale" Zusammenbruch lässt sich typischerweise als schwere Depression beschreiben.

Meinen persönlichen Burnout-Prozess verstehen

Eine Erschöpfungssymptomatik entsteht in der Regel schleichend im Laufe mehrerer Monate bzw. Jahre. Dies macht es besonders schwer, zu erkennen, ob es sich um eine „normale", kurzfristige Stressbelastung handelt oder ob bzw. wie stark jemand bereits gefährdet ist. Hilfreich sind daher Modelle, in denen die verschiedenen Phasen des Burnout-Syndroms sowie die dazugehörenden Symptome erläutert werden. Das folgende Modell (Grafik 6) stammt von Müller-Timmermann (2008), der den Burnout-Prozess in fünf Phasen beschreibt.

Phase 1:	Phase 2:	Phase 3:	Phase 4:	Phase 5:
Enthusiasmus und Idealismus	Realismus und Pragmatismus	Stagnation und Überdruss	Frustration und Depression	Apathie und Verzweiflung
„Es beginnt lodernd."	„Die Flamme brennt."	„Der Funkenflug wird matter."	„Arbeiten auf Sparflamme."	„Die Glut erlischt."

→ Grafik 6: Phasen des Burnouts

Man unterscheidet zwischen dem Burnout-Prozess (Verlauf von Phase 1 bis Phase 5, wobei verschiedene Phasen auch mehrfach durchlaufen werden können) und dem Burnout-Syndrom, welches dem Zustand in Phase 5 entspricht.

* **Phase 1:** Die Person geht eine neue Aufgabe, bspw. die Übernahme einer neuen Schulklasse, voller Elan und Begeisterung an. Sie ist voll und ganz identifiziert und stellt alles andere freiwillig und oftmals gern zurück (Freizeit, Sozialkontakte etc.). Die Person fühlt sich gut, oft sogar euphorisch.

* **Phase 2:** Nach einiger Zeit wird die Person pragmatischer im Umgang mit den Aufgaben. Ziele, wie z.B. der Lernerfolg der Schüler, werden realistischer gesetzt.

3 | ÜBUNGEN, METHODEN, STRATEGIEN

Dies ist laut Müller-Timmermann die gesunde Haltung, die langfristig nicht zu einem Burnout führen würde.

* **Phase 3:** Bleiben die Anforderungen an die Person jedoch gleich hoch wie zu Beginn bzw. kann sich die Person selbst nicht von ihren eigenen Leistungsansprüchen und Erfolgserwartungen distanzieren, versucht sie durch mehr Anstrengung und Überstunden ihr Ziel doch noch zu erreichen – ohne Erfolg. Gereiztheit, Konzentrationsprobleme, Müdigkeit, Kopfschmerzen oder andere Symptome treten vermehrt auf. Die Person macht sich selbst Vorwürfe, hat oftmals sogar Schuldgefühle.

* **Phase 4:** Die Person wird zunehmend antriebsloser und fühlt sich niedergeschlagen. Sie hält sich für einen Versager, zieht sich auch privat zunehmend zurück. Alles erscheint ihr zu viel, sie sehnt sich danach, in Ruhe gelassen zu werden, folgt dem „Dienst nach Plan", wird jedoch gleichzeitig von Selbstzweifeln geplagt.

* **Phase 5:** Die völlige Erschöpfung tritt ein. Die Person kann sich zu nichts mehr aufraffen, ist verzweifelt und leidet massiv unter diesem Zustand. Viele Betroffene flüchten sich in Alkohol- oder Medikamentenmissbrauch, einige Betroffene haben sogar Suizidgedanken.

Anhand der folgenden grafischen Darstellungen können Sie ein erweitertes Verständnis darüber erhalten, zu welchem Zeitpunkt in Ihrem Leben welche individuellen Stressoren zu welchen Beschwerden geführt haben. Grafik 7 liefert Ihnen zunächst ein Beispiel. In Grafik 8 können Sie Ihren eigenen Verlauf durch die Phasen eines Burnout-Prozesses eintragen.

Anleitung: Gliedern Sie die Zeitleiste nach einschneidenden Erlebnissen/Veränderungen, und ordnen Sie Ihre persönlichen Beschwerden sowie die dazugehörigen Auslöser den fünf Phasen nach Müller-Timmermann zu.

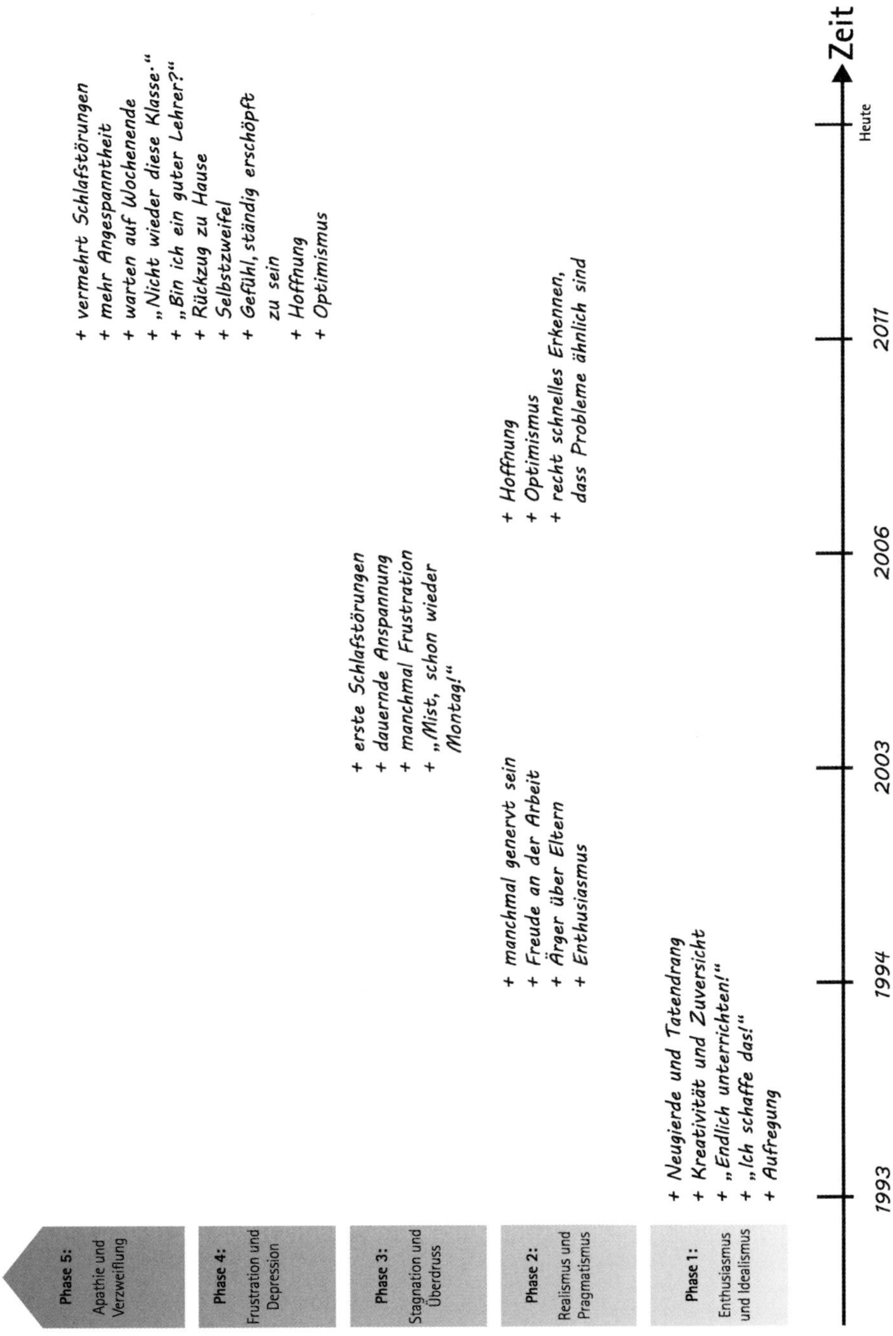

→ Gafik 7: Beispiel eines individuellen Burnout-Prozesses

... vorbeugen, erkennen, bewältigen

3 | ÜBUNGEN, METHODEN, STRATEGIEN

→ Gafik 8: Mein eigener Verlauf durch die Phasen eines Burnout-Prozesses

In den folgenden Kapiteln erhalten Sie nun konkrete Hilfen und Anleitungen für gezielte Maßnahmen, um häufigen und typischen Beschwerden effektiv zu begegnen.

* **Kognitive/Mentale Ebene:** Gedankenfallen und ewiges Grübeln
* **Ebene der Emotionen:** Emotionale Erschöpfung
* **Körperliche Ebene:** Schlafstörungen
* **Ebene des Antriebes und des Verhaltens:** Sozialer und innerer Rückzug

Vorher leistet Ihnen der Abschnitt „Frühwarnsignale erkennen" dabei Hilfestellung, dass Sie sich selbst besser kennen und Signale richtig deuten lernen. Nutzen Sie Ihre Erkenntnis über die Entwicklung Ihrer persönlichen Stressreaktionen, und vertiefen Sie nun Ihre Sensibilisierung für das Erkennen möglicher Frühwarnsignale, um bei Bedarf rechtzeitig gegensteuern zu können!

Frühwarnsignale erkennen

Worum geht's?
Der Zustand der körperlichen Erschöpfung ist, ebenso wie eine Burnout-Entwicklung, ein Prozess, der sich über viele Jahre entwickeln kann. Während dieser Zeit senden uns unser Körper und unser Geist konstant Signale, die den Grad unserer körperlichen und geistigen Befindlichkeit widerspiegeln. Gleichwohl ist es ein Phänomen unserer Zeit, unserer Kultur oder auch unserer Persönlichkeit, diese deutlichen Anzeichen nicht wahrzunehmen oder gar zu ignorieren und unbeantwortet zu lassen. So nehmen viele Menschen körperliche und mentale Beschwerden in Kauf, ohne sich ernsthafte Gedanken über die Ursachen zu machen und konsequente Gegenmaßnahmen zu ergreifen. Wie bei allen ernsthaften Erkrankungen ist die Früherkennung der stressbedingten Beschwerden maßgeblich, um eine Burnout-Entwicklung durch konsequente Verhaltensreaktionen zu verhindern.

Wissenswertes
Frühwarnsignale sind körperliche oder emotionale Empfindungen, Bedürfnisse, Gedanken oder Verhaltensweisen, die lange Zeit vor den wirklich beeinträchtigenden Beschwerden, wie Schlafstörungen, Niedergeschlagenheit oder Schmerzen, auftauchen. An Ihnen könnten Sie erkennen, dass Ihre allgemeine Anspannung gestiegen ist und sich daher Stressreaktionen zu bilden beginnen. Stressreaktionen oder Stresssymptome entstehen dann, wenn unsere Bewältigungsmöglichkeiten nicht ausreichen, um mit den herausfordernden Stressoren fertigzuwerden. Bei einer kurzfristigen Stressreaktion nimmt unser Körper keinen Schaden. Werden anhaltende Frühwarnsignale aber nicht wahrgenommen und werden keine Gegenmaßnahmen ergriffen, dann setzt sich dieser

3 | ÜBUNGEN, METHODEN, STRATEGIEN

Prozess verschärfend fort, sodass sich die Beschwerden in der Regel in Art und Häufigkeit verstärken. Bei einer Chronifizierung entsteht ein Teufelskreis, da die Einbußen an Kraft und Energie zumeist zu Leistungseinbußen sowie zur mentalen Belastung führen, wodurch sich wiederum die Beschwerden in psychosomatischem Sinne vermehren. Anhaltender, unkontrollierbarer Stress stellt ein bedeutsames Risiko für die körperliche und psychische Gesundheit dar. Deshalb es ist wichtig, die eigenen Stressreaktionen und Frühwarnsignale rechtzeitig zu erkennen.

Im Folgenden sind häufige, für Burnout-Verläufe typische Frühwarnsignale aufgelistet:

Beschwerden	Beispiele resultierender Frühwarnsignale
Kognitionen	
Verlust von Interessen	Zweifel, überlegen, ob man wirklich zum Sport oder zu Verabredungen gehen soll
Grübeleien	Abends nicht abschalten können, im Bett über Probleme nachdenken
automatische Gedanken	Gedanken wie: „Ich muss immer noch so viel machen", „Eigentlich brauche ich jetzt eine Pause", vermehrtes Seufzen
Gedächtnisstörung	Worte, Namen, Fakten oder Ereignisse entfallen
Emotionen	
Gefühl, „getrieben" zu sein	im Abarbeitungsmodus handeln, alles schnell und funktional erledigen, vermehrtes Seufzen
Verlust von Freude	Dinge nicht mehr so positiv sehen können, weniger lachen können
Gereiztheit	vermehrte Ungeduld, flapsige Antworten geben
Gefühl der Wertlosigkeit	der innere Kritiker meldet sich häufiger zu Wort
Verlust von Genussfähigkeit	Blumen, Natur, Rapsfelder etc. nicht mehr wahrnehmen
Körper	
körperliche Aktivierung	Herzklopfen, Tatendrang
Muskelanspannungen	erste Schonhaltungen
Müdigkeit	häufiges Gähnen, sich ins Bett wünschen
Konzentrationsstörungen	z.B. Textabschnitte mehrfach lesen müssen, Fehler in Klassenarbeiten übersehen

Verhalten	
verändertes Konsumverhalten	weniger oder mehr Appetit haben, mehr rauchen, Bedürfnis nach einem abendlichen Bier oder Wein zur Beruhigung
sozialer Rückzug	Tendenz, Verabredungen abzusagen

Übungen, Methoden, Strategien

Um gezielte Gegenmaßnahmen ergreifen zu können, erfordert es das Wissen und das Wahrnehmen eigener Frühwarnsignale sowie den achtsamen Umgang mit ihnen. Hierfür ist es notwendig, sich entsprechend zu sensibilisieren. Die Früherkennung Ihrer körperlichen, emotionalen und kognitiven Signale sowie die Signale im Verhaltensbereich sind wesentliche Indikatoren, um auf Überlastungen aufmerksam zu werden. Nur so können Sie der Fortentwicklung der Symptomatik durch gezielte Gegenmaßnahmen entgegenwirken, bspw. in Form von Maßnahmen zur Verringerung der äußeren Stressoren oder zum Aufbau von Erholungseinheiten.

STOLPERSTEIN

Viele Menschen nehmen Beschwerden in Kauf, ohne darin ein Anzeichen für Überlastung, Erschöpfung oder Überforderung zu erkennen. Da Beschwerden wie Schlafstörungen, Konzentrationsprobleme oder Fahrigkeit nicht als bedenklich oder gar krankhaft eingeschätzt werden, neigen wir zur Bagatellisierung all dieser Signale, die uns konstant und zuverlässig von unserem Körper gesandt werden. Verharmlosen Sie diese Anzeichen nicht, nur weil Sie viele andere Menschen kennen, die ebenfalls diese oder ähnliche Beschwerden haben. Sehen Sie diese Signale als wohlwollende Zeichen Ihres Unbewussten, das Sie auf (noch) sanfte Weise auf eine mangelnde Balance in Ihrer Lebensführung hinweisen will.

Anspannung vergegenwärtigen

Es ist schwer, den Grad der eigenen körperlichen und mentalen Anspannung zu erfassen und angemessen einzuschätzen. Da es keine klar definierten Parameter gibt, die jeweiligen Anzeichen vielmehr mannigfaltig und darüber hinaus individuell sehr unterschiedlich sind, ist die einzige, uns zur Verfügung stehende Maßnahme die konstant zunehmende Sensibilisierung für all unsere Körperempfindungen, Verhaltensweisen sowie emotionalen und kognitiven Prozesse. Unsere allgemeine Anspannung besteht jedoch aus einem permanenten Wechselspiel all dieser Empfindungen, dies macht diese Introspektion recht komplex.

3 | ÜBUNGEN, METHODEN, STRATEGIEN

Vielleicht kennen Sie Phasen, in denen Sie auf Grund einer schlechten Schlafphase tagsüber vermehrt müde und unkonzentriert sind, ständig Ihre Wohnungsschlüssel suchen und an absurden Orten wiederfinden. Zeitgleich haben Sie das Gefühl, irgendwie neben sich zu stehen, nicht bewusst und aufmerksam im Hier und Jetzt zu sein, zudem haben Sie Gedanken wie: „Das schaffe ich alles nicht." Mit dieser Übung können Sie lernen, sich für das Ausmaß Ihrer allgemeinen Anspannung zu sensibilisieren.

Anleitung: Beginnen Sie damit, ca. 5-mal pro Tag Ihre Anspannung bewusst zu fokussieren und einzuschätzen. Wenden Sie all Ihre Aufmerksamkeit für einen Moment nach innen, fühlen Sie Ihren Körperempfindungen, Gedanken und Emotionen nach, beobachten Sie Ihr Verhalten, und schätzen Sie Ihre Anspannung auf einer Skala von 0 (keine Anspannung) bis 10 (extreme Anspannung) ein. So können Sie Stress erkennen und ihn damit frühzeitig reduzieren.

Frühwarnsignale identifizieren

Bevor sich handfeste Symptome entwickeln, sendet unser Körper uns in der Regel so genannte Frühwarnsignale. Im Rahmen der Stressprävention ist es insofern wichtig, sich für diese Signale des Körpers zu sensibilisieren, denn sie machen uns auf unseren erhöhten Stresszustand aufmerksam, sodass wir frühzeitig gezielte Gegenmaßnahmen ergreifen und eine zunehmende Belastung verhindern können. Nehmen Sie noch einmal die Liste der „Stress-Symptome auf vier Ebenen" von S. 52–54 zur Hand. Ordnen Sie alle Symptome, die Sie mit einer 1 oder 2 als für Sie zutreffend bewertet haben, mit Hilfe der folgenden Tabelle den drei Anspannungsbereichen „niedrige Anspannung", „mittlere Anspannung" und „hohe Anspannung" zu. Überlegen Sie außerdem, an welchen Frühwarnsignalen Sie diese Beschwerden konkret im Alltag erkennen können.

Achtung: Diese Aufgabe erfordert eine genaue Beobachtung und hohe Aufmerksamkeit für die eigenen körperlichen und geistigen Prozesse. Bleiben Sie im Alltag wachsam und aufmerksam für Ihre persönlichen frühen Zeichen einer Stressbelastung!

Symptome	(Früh)Warnsignale
z.B. Hoffnungslosigkeit	Weinen, steter Gedanke: „Das wird nie besser"
z.B. Konzentrationsbeschwerden	Texte doppelt lesen müssen
z.B. Gefühl von Wachheit und Überaktivierung	schneller Puls

Hohe Anspannung — STOP!

Mittlere Anspannung — VORSICHT!

Niedrige Anspannung — Noch OK!

... vorbeugen, erkennen, bewältigen

3 | ÜBUNGEN, METHODEN, STRATEGIEN

 **Bei Frühwarnsignalen rechtzeitig gegensteuern!**

Anleitung: Suchen Sie sich zwei Frühwarnsignale aus dem mittleren Anspannungsbereich heraus, die in letzter Zeit vermehrt aufgetreten sind und die Sie künftig aufmerksamer beachten wollen (z.B. vermehrtes Seufzen).

Frühwarnsignal 1: _____

Frühwarnsignal 2: _____

Schreiben Sie nun auf, welche konkreten Maßnahmen Sie ergreifen möchten, wenn Sie diese Frühwarnsignale wahrnehmen. Beschreiben Sie die Maßnahmen möglichst genau! Z.B.: jeden Abend mindestens zehn Minuten Progressive Muskelentspannung; innerhalb der nächsten zwei Tage in die Sauna gehen; mich sofort mit einem Freund verabreden, um einen gemütlichen Abend zu verbringen … Weitere Anregungen hierfür finden Sie im Kapitel „Erholung und Selbstfürsorge", S. 32 ff.

* _____
* _____
* _____
* _____
* _____
* _____

 **Denken Sie daran:** Nur wer in der Lage ist, bereits frühzeitig seine individuellen Stressreaktionen zu erkennen, wird einen sich entwickelnden Krankheitsverlauf oder einen Burnout-Prozess rechtzeitig unterbinden können. Sensibilisieren Sie sich daher für Ihre Frühwarnsignale, nehmen Sie bewusst Ihren Körper, Ihr Verhalten, Ihre Gedanken sowie Ihre Gefühle wahr, um Auffälligkeiten zu erkennen und wirkungsvoll gegenzusteuern.

Grübeln, Grübeln, Grübeln

Worum geht's?

Grübeln ist eine negative Form des Nachdenkens über aktuelle Probleme oder Situationen, für die Sie scheinbar keine Lösungen erkennen, über vergangene Ereignisse, über die Sie sich rückwirkend den Kopf zerbrechen, oder auch über zukunftsbezogene Aspekte, die Ihnen Sorgen bereiten. Grübeln führt oft in endlose Gedankenschleifen, etwa darüber, wie andere über Sie denken, ob Sie eine bestimme Herausforderung bewältigen werden, ob Sie von einer Krankheit heimgesucht werden oder wie Sie sich in Bezug auf ein bestimmtes Problem entscheiden sollten.

Wissenswertes

Typisch für jede Art von Grübelgedanken ist die Tatsache, dass sich die Betroffenen während des Grübelns nicht auf die Gegenwart konzentrieren können, sich also nicht mit dem befassen, was hier und jetzt gerade wichtig ist und Gültigkeit hat. Betroffene sind in den Grübeleien gefangen und befassen sich nicht konstruktiv damit, Lösungen zu finden oder konkret zu handeln. Oftmals lassen Grübeleien die Betroffenen nicht abschalten, und sie widmen sich nicht den Dingen, die gerade jetzt gut, günstig und förderlich wären. Grübeleien verhindern somit die Selbstfürsorge und das notwendige Erholungsverhalten, das die Beschäftigung mit positiven und wohltuenden Aktivitäten vorsieht.

Negative Auswirkungen des Grübelns sind u.a. Angespanntheit oder Unkonzentriertheit. Häufig führt das Grübeln auch zu Schlafstörungen oder zu einem vermehrten Konsum von Zigaretten, Alkohol oder sonstigen Beruhigungsmitteln. In der Regel vermindert sich die Leistungsfähigkeit, zu erledigende Aufgaben werden aufgeschoben, der Betroffene verzettelt sich in viele unterschiedliche Aktivitäten, oder es fällt ihm schwer, Entscheidungen zu fällen. Die Stimmung wird negativ beeinträchtigt, der Betroffene kann sich gereizt, hilflos oder auch ängstlich fühlen, oft leidet das Selbstvertrauen.

Doch weshalb fällt es so schwer, die Gedankenschleifen zu unterbrechen? Oft geht Grübeln mit kurzfristigen und unbewussten Vorteilen einher: Durch die Gedankenschleifen entsteht z.B. Ablenkung, sodass nicht darüber nachgedacht werden muss, anstehende Pläne umzusetzen oder Probleme anzugehen. So entsteht ein Gefühl von Aktivität, ohne das Risiko eines Scheiterns einzugehen – eine Bewältigung des Problems wird so jedoch vermieden.

3 | ÜBUNGEN, METHODEN, STRATEGIEN

Sinnvolles Nachdenken unterscheidet sich vom Grübeln insofern, als dass eine Lösungsorientierung angestrebt wird. Sie können bspw. darüber nachdenken, welche der bereits gemachten Fehler Sie künftig vermeiden können, welche Pläne Sie aus vergangenen Erfahrungen für die Zukunft umsetzen wollen, welche Bewältigungsstrategien oder Verhaltensalternativen Sie in künftig schwierigen Situationen zur Verfügung haben und welche Sie wann einsetzen wollen oder können.

Übungen, Methoden, Strategien

Um aus dem Grübeln herauskommen zu können, ist es zunächst wichtig, dass Sie überhaupt bemerken, dass sie momentan weniger sinnvoll und konstruktiv nachdenken, sondern eher in ungünstigen Grübelschleifen verhaftet sind.

STOLPERSTEIN Handelt es sich wirklich um eine gedankliche Beschäftigung, die konstruktiv ist und Lösungen, Verhaltensalternativen oder Bewältigungsstrategien vorsieht? Prüfen Sie: Kommen Sie der Lösung des Problems näher, oder drehen Sie sich im Kreis?

Im Folgenden stellen wir Ihnen unterschiedliche Strategien vor, wie Sie künftig aus dem Grübeln aussteigen können. Sie können Grübeln stoppen, Grübeln verlagern und Grübelgedanken ersetzen. Beachten Sie jedoch, dass sich hilfreiche Effekte erst nach regelmäßigem Anwenden und Üben einstellen.

Grübel-Stopp

Hier werden Ihnen zwei Techniken vorgestellt, mit denen Sie das Grübeln stoppen können. Finden Sie für sich selbst heraus, welche Ihnen besser liegt.

Anleitung zu Technik 1:
Sagen Sie in Gedanken oder auch laut „STOPP", und denken Sie sich dabei ein Stopp-Zeichen. Machen Sie sich bewusst, dass sie nun nicht mehr in negativen Gedankenschleifen verharren wollen. Verlassen Sie hierzu den Ort, an dem Sie sich befinden, oder verändern Sie Ihre Sitzposition.

Anleitung zu Technik 2:
Stellen Sie sich Ihre Grübelgedanken im Sinne der Achtsamkeit als Wolken am Himmel oder Züge in einem Bahnhof vor: Lassen Sie sie schlicht und ergreifend vorbeiziehen, ohne sich von ihnen mitreißen zu lassen. (Achtung: Diese Technik erfordert viel Übung!)

Grübeln verlagern

Mit dieser Übung können Sie Ihre Grübelgedanken vom Kopf aufs Papier verlagern.

Anleitung: Legen Sie pro Tag einen bestimmten Zeitraum fest, an dem Sie sich Ihren Grübelgedanken bewusst und explizit zuwenden. Notieren Sie Ihre Grübelgedanken in einem dafür vorgesehenen Grübelbuch, und fragen Sie sich, ob Ihre Gedanken hilfreich sind, um Ihre Probleme zu lösen. Schreiben Sie Ihre Grübelgedanken auf, um sich von ihnen zu entlasten.

Grübelgedanken ersetzen

Beschäftigen Sie sich konstruktiv mit Ihren Grübelgedanken, und überprüfen Sie, ob Sie sich so fühlen, wie sie sich fühlen möchten. Durch hilfreiche Fragen können Sie die Richtung Ihrer Gedanken und somit auch Ihre Gefühle positiv beeinflussen.

Anleitung: Wenn Sie wieder einmal in einer Grübelschleife festhängen, nehmen Sie sich die folgende Frageliste vor. Finden Sie zu jeder Frage zwei Antworten – so werden Sie schnell feststellen, wie sich Ihre Stimmungen positiv verändern und wiederkehrende Grübelgedanken ihre Bedeutungskraft verlieren können:

* Worüber kann ich mich momentan freuen und glücklich sein?
* Worüber kann ich lachen?
* Wofür bin ich dankbar?
* Was ist mir Gutes widerfahren?
* Worauf bin ich stolz, was mache ich gut?
* Wen liebe ich, und wer liebt mich?
* Was begeistert mich? Wofür könnte ich mich begeistern?
* Mit welchen Menschen bin ich gerne zusammen?
* Welches sind meine schönsten Erinnerungen?
* Was mache ich besonders gerne, was macht mir Spaß?

3 | ÜBUNGEN, METHODEN, STRATEGIEN

Denken Sie daran: Ihre Gedanken beeinflussen Ihre Gefühle. Somit können Sie durch die Richtung Ihrer Gedanken die Ausrichtung Ihrer Gefühle positiv beeinflussen:
* Verharren Sie nicht in negativen Gedankenschleifen!
* Werden Sie konstruktiv, arbeiten Sie aktiv gegen das Grübeln an!

Emotionale Erschöpfung

Worum geht's?

Viele Menschen, die ihren Beruf ursprünglich mit Begeisterung, Enthusiasmus und Engagement begonnen haben, werden stark irritiert und verunsichert, wenn sie plötzlich einen Verlust an Lebensfreude und Vitalität erleben. Es kann dann sehr beängstigend sein, sich niedergeschlagen, unmotiviert, häufiger müde, erschöpft oder antriebslos zu fühlen, obgleich man doch den Lehrerberuf eigentlich von Grund auf mag, vielleicht sogar als Berufung für sich erkannt hat. Diese und viele weitere Symptome können bei chronischer Belastung und damit einhergehender zunehmender Erschöpfung im Rahmen einer Burnout-Entwicklung entstehen.

Wissenswertes

Im Rahmen einer Burnout-Entwicklung kommt es häufiger zu depressiven Symptomen. Im Jahre 2011 gab es in der Bundesrepublik Deutschland vier Millionen Menschen mit der Diagnose Depression. Da Burnout keine Diagnose ist, verbergen sich in dieser Zahl auch all diejenigen, die im Rahmen eines Burnout-Prozesses an einer Erschöpfungsdepression leiden. Diese emotionale Erschöpfung geht mit einem Gefühl der Kraftlosigkeit einher, oft auch mit dem Gefühl, nicht verstanden zu werden. In der Regel reduzieren sich zunehmend die Tatkraft, der Antrieb und die Leistungsfähigkeit. Erschöpfte Menschen werden in emotionaler Hinsicht geizig, Sie schonen sich, indem sie möglichst wenig Energie durch emotionale und mentale Prozesse „vergeuden". Dieser unbewusste Schonungsvorgang bringt eine gewisse Gefühllosigkeit, eine emotionale Abflachung und eine verminderte Toleranz mit sich. Die Betroffenen sind in ihrer emotionalen Empfindungsfähigkeit eingeschränkt, fühlen sich oft wie abgestumpft, wenn sie in Situationen der Freude oder Trauer gefühlsmäßig nicht mehr mitschwingen können oder wenn sie Genuss oder Dankbarkeit nicht mehr im gewohnten Maße empfinden können. Diese Stimmungsschwankungen können wichtige

Anzeichen von Überlastung sein. Sie können von schneller Reizbarkeit, Versagensgefühlen sowie Gefühlen der Niedergeschlagenheit und Hoffnungslosigkeit bis zu dem Gefühl der Resignation, Apathie, Sinnlosigkeit oder bloßer Verzweiflung reichen.

Alle Gefühle, negative wie positive, sind für unser Leben, unsere Entwicklung, unser persönliches Wachstum sowie für die Wahrnehmung unserer Bedürfnisse wertvoll und bereichernd. Wenn Gefühle nicht hinreichend wahrgenommen und reflektiert werden, kann auch keine angemessene Reaktion erfolgen, sodass unter Umständen nicht die richtigen, förderlichen Ziele verfolgt werden. Es ist daher wichtig, sich die Zeit zu nehmen, sich sowohl mit angenehmen als auch mit unangenehmen Gefühlen zu beschäftigen – so können wir Genuss und Dankbarkeit erleben. Das Wahrnehmen von Gefühlen ist auch wertvoll, um die eigene Persönlichkeit zu erforschen oder um Signale in wichtigen Lebenssituationen zu erkennen und adäquat darauf zu reagieren. Gerade in Zeiten, in denen wir starken Belastungen ausgesetzt sind, ist es wichtig, Prioritäten zu setzen, um zu erkennen, was uns gut tut, was wir brauchen und wie wir unser Verhalten förderlich und gerichtet einsetzen können, um unsere Bedürfnisse und Ziele nicht aus den Augen zu verlieren. So hat die Glücksforschung bspw. herausgefunden, dass wahres Glück besonders dann anhaltend genossen werden kann, wenn wir es uns selbst erarbeitet haben. Für die Lebenszufriedenheit ist es daher förderlich, sich die richtigen Ziele zu setzen und diese dann aktiv und engagiert zu verfolgen. Demnach erscheint es sinnvoll, dass wir uns unserer kurz-, mittel- und langfristigen Ziele immer wieder bewusst sind und überprüfen, ob wir in unserer Lebensplanung und -gestaltung noch „auf Kurs" sind. Eltern junger Kinder stellen sich vor diesem Hintergrund oft die Frage, ob es sinnvoll ist, übermäßig viel Zeit und Energie in die berufliche Arbeit zu investieren, während die Wahrnehmung der Entwicklungsschritte der Kinder nur noch wenig Beachtung findet.

Letztlich gilt es auch, zu berücksichtigen, dass es körperliche Ursachen gibt, die ebenfalls einen erheblichen Einfluss auf unsere Gefühle haben und somit für Stimmungsschwankungen verantwortlich sein können. Soweit es wissenschaftlich bekannt ist, besteht bei der Depression ein Mangel an den verfügbaren Neurotransmittern Serotonin und Noradrenalin. Diese Störung des Stoffwechsels kann bewirken, dass negative Gedanken und Gefühle übermächtig und Empfindungen wie Freude oder Zufriedenheit gemindert werden.

Ebenso kann sich die Einstellung zu Bewegung, Fitness und Sport förderlich oder schädigend auf unsere Gefühlswelt auswirken. Es ist wissenschaftlich bewiesen, dass Ausdauersport auf Grund der Ausschüttung bestimmter förderlicher Hormone für die Gemütslage bei gleichzeitigem Abbau schädigender Hormone einer depressiven Verstimmung entgegenwirken kann und somit unser Wohlbefinden direkt und positiv beeinflusst.

3 | ÜBUNGEN, METHODEN, STRATEGIEN

Übungen, Methoden, Strategien

Lernen Sie einen differenzierteren Umgang mit Ihren Gefühlen, sodass Sie unterschiedliche Gefühlszustände schneller und deutlicher identifizieren und die dahinter verborgenen Bedürfnisse erkennen können. Prüfen Sie, ob Ihre an das Gefühl gekoppelte Reaktion Ihr tatsächlich verborgenes Bedürfnis stillt und ob Ihr Verhalten zielführend ist.

Einen Draht zu den eigenen Gefühlen bekommen

Folgende Strategien helfen Ihnen dabei, Ihre eigene Gefühlswelt besser kennenzulernen:

1. Vergegenwärtigen Sie sich in möglichst vielen Situationen während des Alltags und der Arbeit Ihr jeweils aktuelles Gefühl.

2. Versuchen Sie, das auslösende Ereignis für Ihr Gefühl zu identifizieren, um sich und Ihre Gefühlswelt besser verstehen zu lernen.

3. Geben Sie sich die innere Erlaubnis für Ihr Gefühl, denn: Ihr Gefühl entspricht Ihrem subjektiven Empfinden und hat damit Recht. Stehen Sie zu Ihren Gefühlen, und vermeiden Sie jede Form der Rechtfertigung. Ihre Gefühle haben für Sie Gültigkeit, sie dürfen von niemandem bestritten werden.

4. Reagieren Sie adäquat: Wenn Sie Angst vor etwas haben oder Wut empfinden, ergründen Sie, was genau Sie beunruhigt oder verärgert. Überlegen Sie sich angemessene Reaktionen, die Ihre Gefühle offenbaren. Aber:

5. Bleiben Sie bei der Offenbarung Ihrer Gefühle angemessen. Finden Sie einen geeigneten Zeitpunkt sowie einen passenden Rahmen, und melden Sie Ihre Befindlichkeit in einer Weise zurück, die weder kränkend, verletzend noch konfliktverschärfend ist.

Gefühle differenzieren

Machen Sie es sich zur Gewohnheit, Ihrer Gefühlswelt achtsam zu begegnen, Ihren Gefühlen genauer nachzuspüren, um sie zunehmend differenzierter wahrnehmen und in ihrer Bedeutung besser verstehen zu können. Dies ist nicht so leicht und selbstverständlich, wie es zunächst erscheinen mag, probieren Sie es daher gleich beim nächsten Mal aus, wenn Sie sich besonders „gut" oder besonders „schlecht" fühlen.

Anleitung: Nehmen Sie sich dann die Zeit, und beschäftigen Sie sich eingehender mit Ihrem Gefühl. Finden Sie heraus, um welches spezifische Gefühl es sich genau handelt, wann es auftritt und was das Besondere daran ist. Sensibilisieren Sie sich in gleicher

Weise sowohl für negative als auch für positive Gefühle – finden Sie heraus, wann Sie sich erschöpft, niedergeschlagen, eingeengt, wütend oder aber kraftvoll, vital, frei, zufrieden fühlen. Wann und bei welchen Aktivitäten erleben Sie Gefühle der Ohnmacht oder der Schuld, wann Gefühle der Freude und des Glücks? Nutzen Sie die folgende Grafik, wenn Sie bei der differenzierten Gefühlsbestimmung Schwierigkeiten haben!

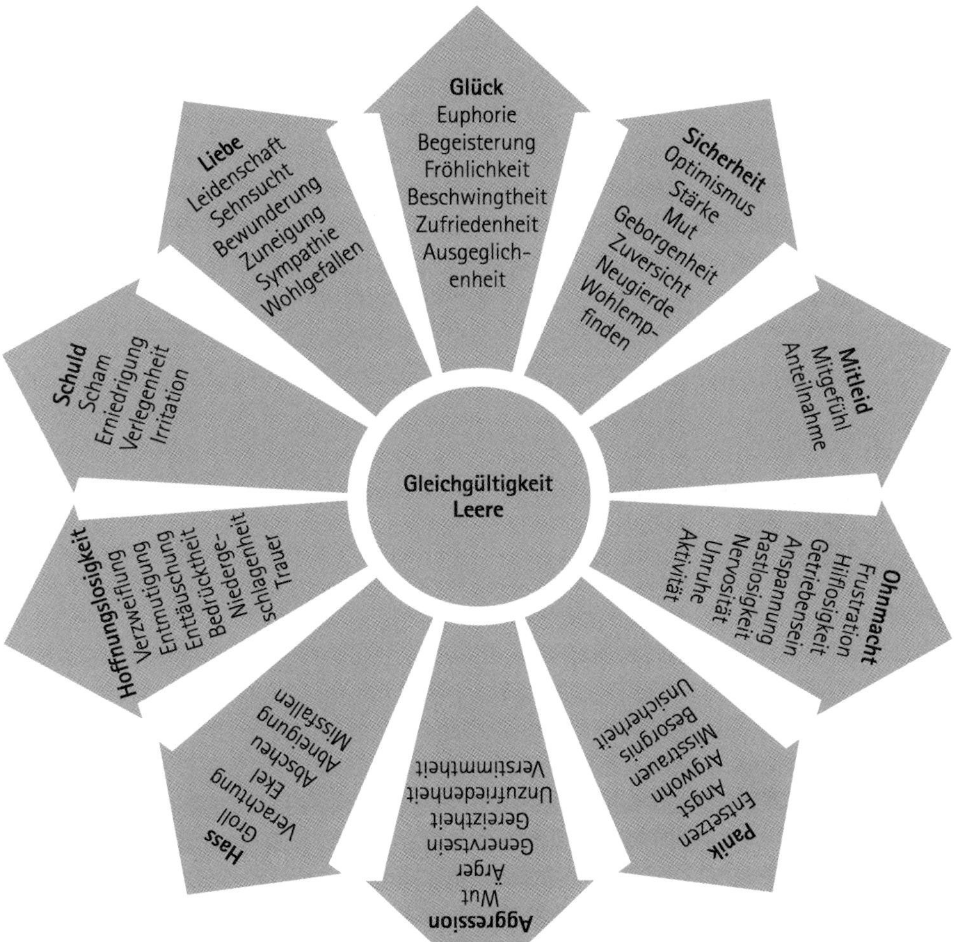

→ Grafik 9: Gefühlsstern

... vorbeugen, erkennen, bewältigen   71

3 | ÜBUNGEN, METHODEN, STRATEGIEN

Gefühle ergründen

Wenn es Ihnen gelungen ist, ein Gefühl genauer zu ergründen und zu benennen, dann versuchen Sie, dieses Gefühl als Signal für ein Bedürfnis zu erkennen, das gestillt werden möchte. Leiten Sie die für Sie richtigen Konsequenzen ein, indem Sie Ihr Verhalten zielgerichtet danach ausrichten.

Anleitung: Ordnen Sie jedem Ihrer Gefühle eine Situation zu, in der dieses spezifische Gefühl ausgelöst worden ist. Benennen Sie auch die dazugehörigen körperlichen Wahrnehmungen sowie die Gedanken, die Sie in dieser Situation hatten. Welche Konsequenzen ziehen Sie aus diesem Gefühl? Wie verhalten Sie sich? Die Tabelle zeigt Ihnen zwei Beispiele:

Gefühl	Auslösende Situation	Körperliche Reaktion und Gedanken	Konsequenzen für mich
Beispiel: Scham	Ein Kollege hat mir mitgeteilt, dass einige Kollegen mein Verhalten missbilligen, ohne Absprache eigenmächtige Entscheidungen zu fällen.	Erröten, Fluchtgedanken, Kloß im Hals, Gedanke: „Wie unangenehm!"	Ich sollte mich künftig kollegialer und rücksichtsvoller verhalten. Dies wird sich positiv auf meine Anerkennung und Sympathie im Kollegium auswirken.
Beispiel: Ärger	Schüler xy scheint es zu genießen, mir zu trotzen und sich zu verweigern.	Erhöhter Puls, Kiefer zusammenbeißen, Muskeln anspannen, Kribbeln in den Händen	Ich werde mich in der Pause mit gezielten Atemübungen beruhigen. Im ärgerlichen Zustand werde ich nicht souverän bleiben können. Dann spreche ich den Schüler klar und bestimmt an, sodass ich mir Respekt verschaffe, indem ich sachlich und angemessen bleibe.

Reflektieren Sie nach diesem Schema z.B. folgende Gefühle: Stolz, Angst, Ärger, Scham, Niedergeschlagenheit, Glück, Zuneigung, Mitleid, Frustration, Schuld, Sicherheit

Sollten Sie im Alltag eine deutliche Gefühlsregung bei sich feststellen, empfehlen wir Ihnen, diese Übung durchzuführen. Ergründen Sie auf diese Weise sowohl Ihre negativen als auch Ihre positiven Gefühle näher als zuvor. Menschen in unserem Kulturkreis neigen dazu, das Negative, Störende und Defizitäre wahrzunehmen und zu beachten,

während positive Dinge des Alltags oder des Berufslebens schnell zur Selbstverständlichkeit werden und daher weniger Berücksichtigung und Würdigung erfahren.

Denken Sie daran: Nehmen Sie Ihre Gefühle ernst, lernen Sie einen differenzierteren Umgang mit ihnen, und sensibilisieren Sie sich auf diese Weise für Ihre Bedürfnisse!

Schlafstörungen

Worum geht's?

Der Schlaf ist unsere größte und natürlichste Regenerationsquelle. Über Nacht können wir unsere Akkus wieder aufladen und unseren Körper mit der Energie versorgen, die wir tagsüber verbraucht haben. Diese natürliche Regenerationsmöglichkeit setzt jedoch einen gesunden Schlaf voraus, daher sollte bei jeder Form psychischer Belastung, Überforderung oder Erschöpfung zunächst der Fokus auf eine optimale Schlafhygiene gerichtet werden, denn chronische Schlafstörungen führen zu bedeutsamen Beeinträchtigungen der Lebensqualität und Leistungsfähigkeit. Schlafstörungen entstehen oft in Folge stressbedingter Belastungen und treten häufig im Zusammenhang mit depressiven Erkrankungen und chronischer Erschöpfung auf.

Wissenswertes

Wir Menschen verbringen etwa ein Drittel unseres Lebens im Schlaf. Erwachsene schlafen durchschnittlich etwa sieben bis acht Stunden pro Nacht, wobei es individuell starke Schwankungen im Schlafrhythmus und in der Länge der Tiefschlafphasen gibt, sodass sich auch unterschiedliche Bedürfnisse in der individuellen Schlafdauer ergeben. Etwa 20–30 % aller Menschen in der westlichen Gesellschaft haben ausgeprägte Schlafstörungen. Diese können häufig organischen Ursachen, wie etwa Schmerzzuständen, Erkrankungen der Atmungsorgane, Herz- und Kreislauferkrankungen oder auch der Einnahme bestimmter Medikamente, zugeschrieben werden. Doch ein beträchtlicher Anteil der schlafgestörten Menschen leidet nicht unter organischen Ursachen. Stress gilt als sehr häufige Ursache für Schlafstörungen. Zusätzlich werden Schlafstörungen oftmals durch schlechte Schlafbedingungen, in Form von Lärm, schlechter Luftqualität oder ungünstiger Raumtemperatur hervorgerufen.

3 | ÜBUNGEN, METHODEN, STRATEGIEN

Gesunder Schlaf zeichnet sich dadurch aus, dass wir nach dem Zubettgehen innerhalb kurzer Zeit zunächst dösen und dann in einen leichten Schlaf fallen, bis wir dann eine Tiefschlafphase erreichen. Zu Beginn der Nacht sind diese Tiefschlafphasen länger und häufiger, und sie bringen die meiste Erholung. Die erste Hälfte der Nacht ist somit für unsere körperliche Regeneration am wichtigsten. Der Schlaf teilt sich in verschiedene Phasen, wobei die Hirnaktivität in Ruhephasen abnimmt, sich der Körper zunehmend entspannt und den größten Teil der Nacht von seichtem Schlummern in den Tiefschlaf gleitet. Der Körper reduziert seine Aktivität, der Blutdruck sinkt, Puls und Atmung werden langsamer, um anschließend in die REM-Phase (REM = Rapid Eye Movement) zu gleiten. Der so genannte Traumschlaf beginnt, die Phase des Träumens mit verstärktem Augenzucken, gesteigerter Atemfrequenz sowie schnellerem Herzschlag. Es beginnen stets neue Schlafzyklen, und die jeweiligen Schlafphasen werden in unterschiedlicher Länge durchlaufen, wobei in der zweiten Nachthälfte die Länge und Häufigkeit der REM-Phasen zunimmt. Unser Schlaf fördert nicht nur unsere Konzentration und Gelassenheit, er verarbeitet auch Erlebtes und speichert Erlerntes ab. Gesunder Schlaf sorgt somit für ein funktionierendes Gedächtnis. Darüber hinaus unterstützt uns der Schlaf dabei, Anspannungen abzubauen und die über den Tag verbrauchte Energie wiederzugewinnen. Unser Immunsystem wird im Schlaf aktiviert und gestärkt, und unsere Zellen erneuern sich.

Gestörter Schlaf (siehe auch Grafik 10) zeichnet sich dadurch aus, dass die Betroffenen stark unter Einschlaf- und Durchschlafstörungen oder unter frühem morgendlichen Erwachen leiden.

Einschlafschwierigkeiten nehmen in unserer Gesellschaft eine besondere Rolle ein und sind mit einem starken Leidensdruck verbunden. Die Betroffenen liegen oft über Stunden wach und haben in der Regel quälende Gedanken, da sie mit ihren Sorgen, unerledigten Aufgaben und bevorstehenden Herausforderungen beschäftigt sind. Durch die Unfähigkeit, einzuschlafen, entsteht zusätzlicher Druck, schnell wieder einschlafen zu müssen. Es kommt zu einem Teufelskreis, mit ständigem Blick zur Uhr und sorgenvoller Vorahnung auf die schlechte Befindlichkeit am kommenden Tag. Die Angst, die Herausforderungen des nächsten Tages nicht angemessen meistern zu können, führt zu einer starken Einschränkung der empfundenen Lebensqualität. Zudem wird infolge von Müdigkeit die Leistungsfähigkeit in der Regel stark eingeschränkt. Bei Menschen, die unter massiven Einschlafstörungen leiden, steigt die Wahrscheinlichkeit, an Depressionen zu erkranken, deutlich an. Werden die Störungen chronisch, steigt auch die Wahrscheinlichkeit anderer Erkrankungen und Beschwerden.

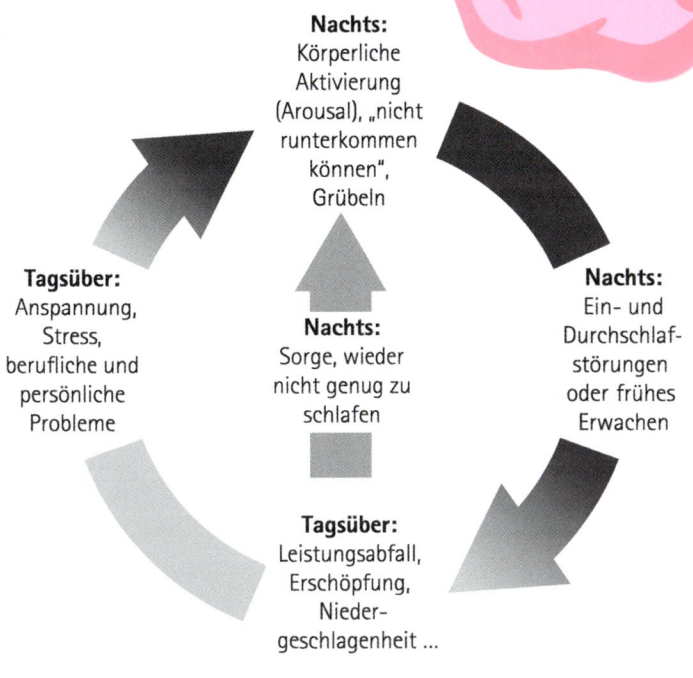

→ Grafik 10: Schlafspirale: Wie Schlafprobleme sich zunehmend verstärken können

Doch auch Durchschlafstörungen können ein Anzeichen für Überlastung oder chronischen Stress darstellen. Zwar ist es grundsätzlich unbedenklich, mehrmals pro Nacht wach zu werden, jedoch nur solange, wie Sie schnell wieder einschlafen können. Von einer Durchschlafstörung spricht man erst dann, wenn Sie über einen Zeitraum von über vier Wochen mehrmals in (je)der Nacht aufwachen und gleichzeitig große Schwierigkeiten haben, wieder einzuschlafen. Das wiederholte Aufwachen wird in der Regel negativ bewertet, es entstehen sowohl Ärger über die Schlaflosigkeit als auch Sorgen um die Befindlichkeit am nächsten Tag. Die Sorge darum, den kommenden Tag mit all seinen Verpflichtungen vielleicht nicht meistern zu können, erhält den Teufelskreis aufrecht und kann das erneute Einschlafen verhindern.

Schließlich leiden viele Menschen unter zu frühem morgendlichen Erwachen. Morgendliche Schlafphasen sind störanfälliger, da der Schlaf in den Morgenstunden leichter ist als in der ersten Hälfte der Nacht. Allerdings liegt die größte regenerative Kraft in einem ruhigen Schlaf der ersten Nachthälfte, da hier die für die Erholung so wichtigen Tiefschlafphasen ausgeprägter sind. Für den Körper ist es also weniger schlimm, früh aufzuwachen, wenn die wichtigen Tiefschlafphasen der ersten Nachthälfte stabil sind. Die meisten Mensch leiden jedoch psychisch unter dem frühen Erwachen – es wird subjektiv in der Regel als belastend empfunden.

Schlafstörungen können mit vielseitigen Beschwerden einhergehen. Körperliche Auswirkungen können z.B. Schwindelerscheinungen, Kopf- und Rückenschmerzen, Ohrgeräusche (Tinnitus), Bluthochdruck oder Kreislauflabilität sein. Auch sexuelle Beein-

3 | ÜBUNGEN, METHODEN, STRATEGIEN

trächtigungen sowie Gewichtsschwankungen können die Folge sein, ebenso wie eine allgemeine Schwächung des Immunsystems mit verstärkter Infektanfälligkeit. Mögliche psychische Auswirkungen sind bspw. Konzentrationsmangel und Abfall der geistigen Leistungsfähigkeit oder der Kreativität. Die gesteigerte Müdigkeit kann zur Stimmungslabilität mit Antriebsmangel und Neigung zur Depressivität führen, und darüber hinaus kann es zu schnellerer Reizbarkeit, vorzeitiger Erschöpfbarkeit und allgemein vermehrter Stressanfälligkeit kommen.

Es gilt, zu beachten, dass chronische Schlafstörungen als Risikofaktor für Herzinfarkte und Schlaganfälle gelten. Untersuchungen konnten belegen, dass die Mehrzahl der Patienten mit Herzinfarkten und Schlaganfällen zuvor unter Schlafstörungen gelitten haben.

Übungen, Methoden, Strategien

Das Einhalten grundlegender und einfacher Regeln, die Sie in der Übung „Schlafhygiene" finden, kann Ihren Schlaf, nach einer gewissen Zeit der Umstellung, deutlich positiv beeinflussen. Sollten Sie jedoch Schlafstörungen haben, die bereits grundlegende Beeinträchtigungen im Alltag mit sich bringen, so ist eine professionelle, ärztliche Beratung empfehlenswert.

STOLPERSTEIN

Schlaftabletten sind grundsätzlich keine dauerhafte Lösung bei Schlafschwierigkeiten, und auch Alkohol verstärkt lediglich Ihre Schlafprobleme. Unter Umständen können Sie durch diese Hilfsmittel zwar schneller einschlafen, dennoch wird Ihr notwendiger und regenerierender Tiefschlaf beeinträchtigt und gestört. Ihr Schlaf bleibt leicht und wenig erholsam, zudem stärker irritierbar, sodass Sie zu schnellerem Erwachen neigen.

Schlafhygiene

Im Folgenden haben wir für Sie die wichtigsten Regeln zusammengestellt, die bei Schlafstörungen nachweislich für einen gesunden Schlaf förderlich sind.

Anleitung: Überlegen Sie sich, welche der Regeln Sie bereits anwenden und welche noch nicht. Kreuzen Sie dann möglichst viele der Regeln, die Sie bisher nicht konsequent einhalten, an, und halten Sie sie – neben der Reduktion von Stress und Anspannung im Alltag – für ca. vier Wochen zuverlässig ein. Bedenken Sie dabei, dass sich Ihr gestörter Schlafrhythmus nicht innerhalb weniger Nächte verbessern lässt. Seien Sie konsequent, und bringen Sie etwas Geduld für diesen Prozess mit!

Wichtige Regeln bei Schlafproblemen	diese Regel möchte ich anwenden
Regelmäßigkeit: Führen Sie feste Zeiten ein, zu denen Sie essen, sich zum Schlafen legen und aufstehen. So helfen Sie Ihrem Körper, sich auf einen regelmäßigen Rhythmus von Tag und Nacht einzustellen und sich daran zu gewöhnen.	O
Reizkontrolle I: Legen Sie sich möglichst nur zum Schlafen ins Bett. Lassen Sie das Bett zu einem Ort werden, an dem Sie ausschließlich schlafen! Nutzen Sie diesen Ort nicht zum Fernsehen, Arbeiten, Telefonieren oder Essen! Nur so stellt sich Ihr Körper durch unbewusste Prozesse automatisch auf Schlaf ein, wenn Sie im Bett liegen.	O
Reizkontrolle II: Wenn Sie merken, dass Sie nicht einschlafen können, stehen Sie wieder auf, und werden Sie aktiv, und zwar so lange, bis Sie wieder müde werden. Anfänglich mag dies schwerfallen, und ggf. fühlen Sie sich tagsüber noch weniger ausgeruht. Bei konsequenter Einhaltung wird Ihnen jedoch der zunehmende „Schlafdruck" helfen, die Schlaflosigkeit zu überwinden. Halten Sie durch, lassen Sie sich nicht durch kurzfristige negative Effekte entmutigen!	O
Zur Ruhe kommen: Geben Sie Ihrem Gehirn Zeit, zur Ruhe zukommen, indem Sie zwei Stunden vor dem Zubettgehen weder arbeiten, noch planen oder gar streiten. All diese Aktivitäten halten wach, wirken nach und führen ggf. zum Grübeln, was einen geruhsamen Schlaf verhindert. Schreiben Sie Ihre Gedanken und Vorhaben daher auf, notieren Sie die Dinge, die sich Ihnen beim Einschlafen immer wieder aufdrängen. So entlasten Sie Ihr Gehirn und können sich später, zu einem angemessenen Zeitpunkt, damit beschäftigen.	O
Zeit-Kontrolle: Stellen Sie alle Uhren zur Nacht außer Sichtweite, beschäftigen Sie sich nicht mit der Zeit. Die Beschäftigung mit der verlorenen Zeit und dem fehlenden Schlaf verursacht Unruhe, Frustration und Ärger. Es entsteht ein Teufelskreis, der Sie nur noch mehr vom Schlafen abhält.	O
Rituale: Allabendlich wiederkehrende Handlungen stimmen unser Unterbewusstsein auf das Schlafen ein (z.B. Licht in anderen Räumen ausschalten, Körperhygiene betreiben, ruhige Musik hören oder Entspannungsübungen durchführen). Achten Sie bei der Auswahl dieser Rituale auf eine beruhigende Wirkung – so ist etwa spannende Literatur eher aufregend und damit kontraproduktiv.	O

3 | ÜBUNGEN, METHODEN, STRATEGIEN

Bewegung: Je mehr körperliche Bewegung und Aktivierung Sie tagsüber haben, desto günstiger wirkt sich dies auf Ihren Schlaf aus. Aber Achtung: Bewegung zu spät am Abend aktiviert Ihren Körper, sodass auch hierdurch Einschlafprobleme entstehen können. Geben Sie Ihrem Körper zwischen der Aktivierung und dem Schlafen einige Stunden Zeit zum Runterkommen. ○

Licht: Wenn Sie nachts aufstehen müssen, vermeiden Sie helle Lichtquellen (benutzen Sie eine Taschenlampe, kleine oder gedimmte Lichtquellen), da helles Licht ein Signal für den Körper ist, wach zu werden. Sollten Sie hingegen morgens Schwierigkeiten mit dem Wachwerden haben, so suchen Sie möglichst gleich nach dem Aufstehen etwa eine halbe Stunde lang Tageslicht auf (wenn es im Winter erst spät hell wird, achten Sie zumindest auf helles, direktes Licht von der Zimmerdecke), dies hilft bei der Stabilisierung Ihres Tag-Wach-Rhythmus. ○

Atmosphäre: Sorgen Sie dafür, dass Sie sich in Ihrem Schlafzimmer wohlfühlen, indem Sie es schön gestalten und für Gemütlichkeit und Ordnung sorgen! Achten Sie außerdem auf hinreichend frische Luft sowie eine angenehme Raumtemperatur (optimal zum Schlafen sind ca. 16°C). Gehen Sie wirkungsvoll mit Lärmquellen um. In Phasen akuter Schlafstörungen kann es mit einem schnarchenden Partner zeitweilig – bis zur Normalisierung Ihres Schlafes – hilfreich sein, getrennt zu schlafen. Bei unveränderbaren Lärmquellen kann Ohropax® Abhilfe schaffen. ○

Getränke und Alkohol: Verzichten Sie vor dem Schlafen auf größere Alkoholmengen (nicht mehr als zwei Gläser Wein oder ein Liter Bier). Die Schlafforschung zeigt, dass bereits zwei Gläser Wein oder ein Liter Bier am Abend die Schlafqualität erheblich beeinträchtigen und zu Durchschlafproblemen führen! Auch auf koffeinhaltige Getränke, wie Cola, Kaffee, schwarzen oder grünen Tee, sollte am Abend verzichtet werden. Versuchen Sie nach Möglichkeit, über einen Zeitraum von vier Wochen ganz auf diese Getränke zu verzichten. ○

Essen: Nehmen Sie Ihre Mahlzeiten nicht kurz vor dem Schlafengehen ein. Lassen Sie einige Stunden Zeit zur Verdauung verstreichen. Mit vollem Bauch lässt es sich nicht gut und ruhig schlafen! ○

Rauchen: Nikotin wirkt sich auf den Schlaf ähnlich wie Koffein aus. Sofern Sie das Rauchen nicht gänzlich aufgeben, versuchen Sie, möglichst ab 19 Uhr nicht mehr zu rauchen. ○

 Denken Sie daran: Erholsamer Schlaf ist eine wichtige Ressource, um über Nacht mehr Kraft, Energie und Gelassenheit zu generieren. Wirken Sie eventuellen Schlafproblemen durch die aufgezeigten Regeln zur Schlafhygiene aktiv entgegen!

Sozialer und innerer Rückzug

Worum geht's?

Wir Menschen sind soziale Wesen, wir mögen und suchen die Gemeinschaft, in der wir Zuwendung, Freude, Geborgenheit, Sicherheit und vieles mehr erfahren. Die soziale Gemeinschaft ist eine der größten Ressourcen, die wir haben, paradoxerweise ziehen wir uns jedoch gerade dann sozial und auch innerlich zurück, wenn wir diese nährende, bestärkende oder unterstützende Energie eigentlich am nötigsten brauchen. Dieser Rückzug ist ein Phänomen und gleichzeitig ein deutlicher Indikator für einen Zustand der Erschöpfung. Der Zusammenhang zwischen emotionalem Rückzug und Erschöpfung wird nicht hergestellt, vielmehr entsteht Verunsicherung darüber, ob man dem Partner noch wichtig ist, ob man noch geliebt, geschätzt, begehrt und respektiert wird. Dies kann die Partnerschaft sowie das Familienleben stark belasten, daher ist Aufmerksamkeit geboten, wenn Sie sich entgegen ehemaliger Gewohnheiten plötzlich zunehmend sozial oder emotional zurückziehen.

Wissenswertes

Kennen Sie die Tendenz, sich sozial zunehmend zurückzuziehen, wenn die Anforderungen und Belastungen der Arbeit überfordernd werden? Die meisten Menschen haben die Tendenz, auf Verabredungen, Einladungen, Gemeinschaftssport und soziale Freizeitaktivitäten zu verzichten, wenn sie unter chronischem Arbeitsdruck oder Zeitmangel leiden. Wenn sich die Erschöpfung bemerkbar macht, sich die Betroffenen bereits kraftlos und niedergeschlagen fühlen, dann fehlt ihnen der notwendige Antrieb sowie hinreichende Kraft und Muße, um sich aktiv um soziale Kontakte zu kümmern. Zudem wird oftmals befürchtet, andere könnten die eigene missliche Lage erkennen, für die man sich oftmals schämt oder gar schuldig fühlt. Oftmals fällt den Betroffenen erst nach langer Zeit auf, dass sie kaum noch ihre Freunde sehen, seit Langem nicht mehr ihren Hobbys nachgegangen sind und sich kaum noch spontan verabreden. Einladungen werden weder angenommen noch ausgesprochen, zu groß ist der Aufwand, zu Energie raubend sind die Vorbereitungen. Die Zeit wird zunehmend allein verbracht, meist ist

3 | ÜBUNGEN, METHODEN, STRATEGIEN

es jedoch so genannte „tote" Zeit, denn auch zu Hause wird sie selten in nährender oder kräftigender Weise genutzt. Viele Menschen versacken dann vor dem Fernseher, zappen von einem Programm zum nächsten und gehen dann – meist zu spät – ermattet und unbefriedigt schlafen.

Im Ergebnis werden soziale Kontakte zunehmend gemieden und reduziert. Die Ursachen und Folgen dessen sind in Grafik 11 aufgezeigt. Besonders verheerend ist, dass sich der Rückzug als Verstärkerverlust darstellt – ein Verlust von Aktivitäten, die eigentlich Energie und Freude spenden, die Lebendigkeit und Leichtigkeit verleihen, die regenerierende, nährende und energetische Kraft haben.

Diese Phase betrifft darüber hinaus auch in besonderem Maße die Partnerschaft, denn in einem erschöpften Zustand ziehen wir uns nicht nur sozial, sondern auch innerlich zurück. Es kommt zu einer emotionalen Abflachung, wir stumpfen zunehmend ab, unsere Fähigkeit zum gefühlsmäßigen Mitschwingen reduziert sich, ganz gleich, ob es sich um Freude, Genuss, Trauer oder Mitgefühl handelt. Die Betroffenen bemerken diese mangelnde emotionale Beteiligung zunächst meist nicht, es sind vielmehr die Partner, die hierdurch irritiert, verunsichert und auch enttäuscht werden. Der emotionale Rückzug verhindert Nähe, Wärme, Intimität und partnerschaftlichen Austausch, sodass sich in der Beziehung zunehmend eine emotionale Distanz entwickelt. Oftmals fühlen sich beide Partner einsam, ziehen sich noch weiter voneinander zurück und werden unzufrieden und traurig. In der Regel leidet die Sexualität deutlich, häufig sogar die Zärtlichkeit. Berührungen und Annäherungen werden aus Angst vermieden, dies könnte vom Partner als Auftakt zur Sexualität missverstanden werden. Diese wird jedoch aus Energiemangel gemieden. Wenn Paare in diesen Phasen nicht hinreichend und offenbarend miteinander kommunizieren, dann leidet die Qualität der Partnerschaft und des Familienlebens erheblich. Der erschöpfte Partner nimmt in diesen Zeiten weniger am Familienleben und gemeinsamen Aktivitäten teil, dies wird vom anderen Partner stark bedauert und schafft Frustrationen, Ärger und Leid.

Forschungsergebnisse belegen, dass bei jeder Art von Verstimmung die soziale Gemeinschaft, der Austausch und das Zusammensein mit vertrauenswürdigen Menschen sehr positive und entlastende Effekte haben. Ein offener Umgang mit den eigenen Befindlichkeiten, Sorgen, Beschwerden oder Konflikten hilft, um sich zu entlasten und sich mental unterstützt zu fühlen. Bei sozialem Rückzug hingegen entwickelt sich anderen gegenüber zunehmend eine Distanz, der Betroffene ist für seine Nächsten nicht mehr hinreichend erreichbar, sodass er in seiner Lebens- oder Konfliktlage entsprechend wenig verstanden oder erkannt wird. Dies wiederum erhält den Teufelskreis des Sich-nicht-verstanden-Fühlens aufrecht und verstärkt diesen Prozess, der nun anfällig für Missverständnisse, Enttäuschungen und Konflikte wird (siehe Grafik 11).

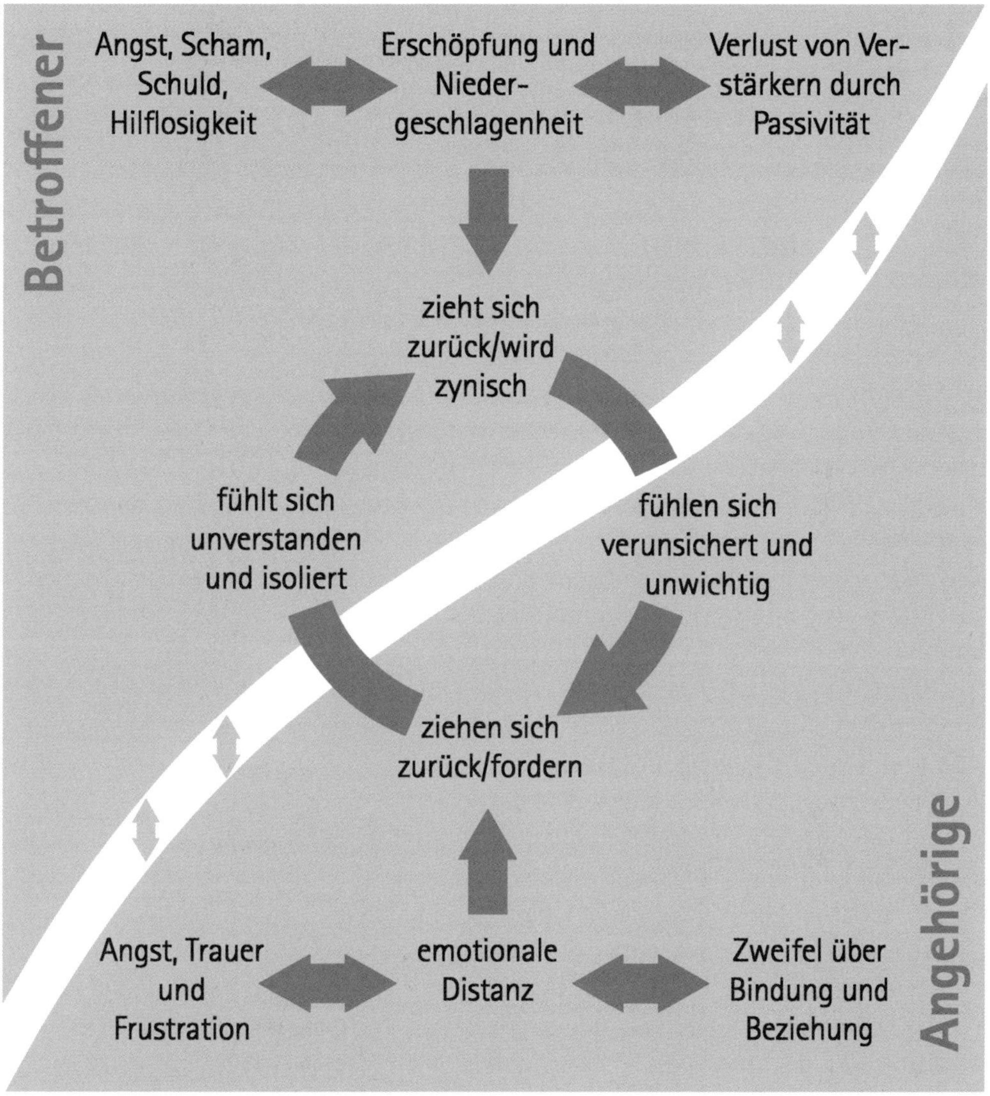

```
Betroffener:
Angst, Scham, Schuld, Hilflosigkeit ⇄ Erschöpfung und Niedergeschlagenheit ⇄ Verlust von Verstärkern durch Passivität
↓
zieht sich zurück/wird zynisch
↑
fühlt sich unverstanden und isoliert

Angehörige:
fühlen sich verunsichert und unwichtig
↓
ziehen sich zurück/fordern
↑
Angst, Trauer und Frustration ⇄ emotionale Distanz ⇄ Zweifel über Bindung und Beziehung
```

→ Grafik 11: Konfliktspirale: Durch sozialen Rückzug entstehen und verschärfen sich Konflikte mit Angehörigen.

Gestehen Sie sich ein, dass Sie gerade in persönlichen Krisenzeiten bedürftig und auf andere angewiesen sind, auf Partner, Familie und Freunde, die selbstverständlich und gern für Sie da sind. Nur durch Authentizität, persönlichen Austausch sowie Selbstoffenbarung kann nährende und heilende Verbindlichkeit, Nähe und Intimität entstehen, sodass eine Krise immer auch die Chance für Wachstum einer Beziehung darstellt, ganz gleich ob partnerschaftlicher oder freundschaftlicher Art. Diese Fähigkeit, sich seinen Bezugspersonen anvertrauen und offenbaren zu können, gilt als eine besondere

3 | ÜBUNGEN, METHODEN, STRATEGIEN

persönliche Stärke, die als Teil der so genannten emotionalen und sozialen Intelligenz einen wichtigen Aspekt im Sinne der Resilienz, also der Widerstandsfähigkeit gegenüber psychischen Erkrankungen, darstellt. Krisen trotz widriger Umstände meistern und daran wachsen stellt einen Schutzfaktor des Menschen dar, eine Fähigkeit, auf die er zurückgreifen kann, um Einbrüche in der emotionalen Stabilität zu verhindern.

Übungen, Methoden, Strategien

Sie sollten aufmerksam werden und aktiv und bewusst gegensteuern, wenn Sie die Tendenz bemerken, sich sozial oder emotional zurückzuziehen. Machen Sie sich bewusst, welche Gesellschaft für Sie in der jeweiligen Stimmung geeignet ist, wen Sie jetzt bräuchten, um Trost, Verständnis oder Unterstützung zu erfahren. Auch wenn es Sie zunächst Kraft zu kosten scheint, nutzen Sie tatsächlich eine wichtige Ressource, die Ihnen hilfreich sein wird. Laden Sie Ihren Partner zu einem Austausch über Ihre momentane Lebenslage ein, und beziehen Sie auch Ihre nahen Bezugspersonen ein. Lassen Sie sie an Ihrer Lebenssituation teilhaben, klären Sie aktiv auf, und offenbaren Sie Ihre Sorgen. Nur so kann Ihr Umfeld Verständnis entwickeln, hilfreich agieren und somit zu einer Quelle der Unterstützung und Kraft werden.

Die richtige Gesellschaft finden

Ist Ihnen schon einmal aufgefallen, dass Sie nach gemeinsamen Treffen mit dem Freund X in der Regel gut gelaunt, energetisch, fröhlich und vital sind, während Sie nach Verabredungen mit Freundin Y überwiegend müde, erschöpft oder frustriert sind? Es gibt Menschen, die in ihrer Art und Weise des Agierens ihr Gegenüber tendenziell erfrischen und bereichern, und es gibt Personen, die eher zum Gegenteil neigen. Dies kann mit Lebensphasen zusammenhängen, in denen die Betroffenen auf Grund eigener Krisen oder Bedürftigkeiten mehr oder weniger bereit oder in der Lage sind, zu geben, es kann jedoch auch mit Persönlichkeitsmerkmalen oder Eigenschaften, wie z.B. Optimismus, Tatkraft, Hilfsbereitschaft, Humor oder Kreativität, in Zusammenhang stehen. In Zeiten, in denen Sie erschöpft sind, ist es daher ratsam, sich für diese Unterschiede zu sensibilisieren und bei der Auswahl der Verabredungen entsprechend zu priorisieren.

Machen Sie sich bewusst, was Sie gerade benötigen, was Ihnen fehlt oder gut tun könnte. Dies ist kein Egoismus, sondern in Zeiten eigener Bedürftigkeit die richtige Maßnahme der Selbstfürsorge, denn jetzt ist nicht der richtige Zeitpunkt, Bedürftigkeiten anderer aufzufangen.

Besinnen Sie sich einen Moment, und notieren Sie für die verschiedenen Kontaktanlässe die jeweils „passende" Person.

Wenn ich Folgendes brauche …	**… ist meine Kontaktperson:**
Trost/ein offenes Ohr	_____
Verständnis und Akzeptanz	_____
Rat und Unterstützung	_____
Spaß und Unterhaltung	_____
Sport/Wellness	_____
Entspannen durch Nichtstun	_____
Aktivitäten in der Natur	_____
Austausch und Reflexion	_____
Philosophieren und Diskutieren	_____

Partnerschaft als wichtigste soziale Ressource erkennen und stärken
Jede Partnerschaft braucht – gerade in schweren Zeiten – ein gegenseitiges Commitment. Es sind die alltäglichen kleinen Gesten, die eine nährende, vitale, unterstützende und stabile Partnerschaft ausmachen!

STOLPERSTEIN Vielleicht ist Ihre Partnerschaft unter der Last des Alltags bereits etwas eingerostet, und Sie fühlen sich verunsichert, vernachlässigt oder gar enttäuscht? Daher haben Sie vielleicht Hemmungen, den ersten Schritt zu wagen? Nehmen Sie bewusst eine wertschätzende und liebevolle Haltung Ihrem Partner gegenüber ein. Er wird es dankbar registrieren und ebenfalls mit mehr Wohlwollen, Verbindlichkeit und Zugewandtheit reagieren.

… vorbeugen, erkennen, bewältigen

3 | ÜBUNGEN, METHODEN, STRATEGIEN

Anleitung: Überlegen Sie einmal: Was tun Sie im Alltag, um Ihrem Partner zu zeigen, dass Sie ihn lieben und schätzen, dass er Ihnen wichtig ist und dass Sie dankbar für diese Verbindung sind? Kreuzen Sie an:

Wie oft …	fast nie	selten (1–2x/Monat)	gelegentlich (1–2x/Woche)	an den meisten Tagen
führen Sie mit Ihrem Partner ein anregendes Gespräch?	○	○	○	○
begrüßen/verabschieden Sie Ihren Partner mit einem liebevollen Kuss oder einer herzlichen Umarmung?	○	○	○	○
drücken Sie Ihre Dankbarkeit für entgegengebrachte unterstützende, zugewandte oder liebevolle Gesten aus?	○	○	○	○
halten Sie mit Ihrem Partner die Hand?	○	○	○	○
geben Sie Ihrem Partner zwischendurch einen Kuss?	○	○	○	○
erkennen Sie die Leistungen Ihres Partners an, indem Sie ihn loben?	○	○	○	○
machen Sie Ihrem Partner ein Kompliment?	○	○	○	○
fassen Sie Ihre Liebe und Zuneigung in Worte?	○	○	○	○
massieren Sie Ihren Partner?	○	○	○	○
fragen Sie Ihren Partner, wie sein Tag war?	○	○	○	○
fragen Sie Ihren Partner, ob er gut geschlafen hat?	○	○	○	○
regen Sie etwas Romantisches mit Ihrem Partner an?	○	○	○	○
haben Sie mit Ihrem Partner Sex?	○	○	○	○
tun Sie Ihrem Partner überraschend etwas Gutes?	○	○	○	○

... unternehmen Sie etwas gemeinsam?	○	○	○	○
... necken Sie Ihren Partner oder ziehen ihn liebevoll mit etwas auf?	○	○	○	○
... lachen Sie gemeinsam?	○	○	○	○
... gelingt es Ihnen, Differenzen in wohlmeiniger Atmosphäre zu beseitigen, wenn welche auftreten?	○	○	○	○
... umarmen sie einander oder zeigen Gesten der Zärtlichkeit?	○	○	○	○
... nehmen Sie sich exklusive Zeit füreinander?	○	○	○	○
... zeigen Sie Interesse an den beruflichen Aktivitäten Ihres Partners?	○	○	○	○
... nehmen Sie Anteil an den Sorgen Ihres Partners?	○	○	○	○
... verzichten Sie Ihrem Partners zuliebe auf etwas?	○	○	○	○
... stellen Sie eigene Bedürfnisse zu Gunsten des Wohlergehens Ihres Partners auch mal zurück?	○	○	○	○

Auswertung: Liegen Ihre Kreuze eher im linken oder im rechten Bereich? Auch eine Vielzahl von Kleinigkeiten kann in der Summe eine Partnerschaft in ihrer Qualität beeinträchtigen und gefährden. Es sind die alltäglichen liebevollen Gesten, die Ihrer Partnerschaft eine besondere Qualität verleihen, Sie zu einer nährenden Quelle der Kraft und Zufriedenheit werden lassen. Überprüfen Sie anhand der Leitfragen in der Tabelle Ihr eigenes partnerschaftliches Verhalten, und überlegen Sie, in welcher Hinsicht Sie Ihre Partnerschaft ggf. stärken und bereichern können.

3 | ÜBUNGEN, METHODEN, STRATEGIEN

Ich möchte meinen Partner öfter:

1. _____
2. _____
3. _____
4. _____
5. _____
6. _____

Erobern Sie sich Ihre verloren gegangenen Aktivitäten und Gemeinsamkeiten zurück, entwickeln Sie wieder mehr Nähe, Vertrauen, Verbindlichkeit und Intimität. Verabreden Sie einen gemeinsamen „Quality-Time-Abend" pro Woche, und gestalten Sie diesen Abend ganz bewusst mit wohltuenden, verbindenden und nährenden Aktivitäten. Wechseln Sie sich dabei ab, die Verantwortung für die Gestaltung dieses Abends zu übernehmen.

Hilfe zum Offenlegen des eigenen Befindens

Psychologische Forschungsergebnisse bestätigen die entlastende und wohltuende Wirkung von selbstoffenbarendem Verhalten. Durch das transparente Darstellen der eigenen Lebenssituation sowie den offenen Umgang mit der eigenen Befindlichkeit ermöglichen wir unseren Mitmenschen, Verständnis und Empathie zu entwickeln sowie ein Unterstützungsangebot zu offerieren. Nehmen Sie hierzu unseren Leitfaden als Orientierungshilfe:

1. Nehmen Sie Ihre Gefühle wahr, und leiten Sie Ihre Bedürfnisse ab. (Wie geht es mir? Was fehlt mir? Was brauche ich? Was muss gelöst werden?)

2. Nehmen Sie Ihre Gefühle und Bedürfnisse als momentane Gegebenheit ernst, akzeptieren Sie sie. Scham und Schuldempfinden sind unnötig.

3. Überlegen Sie, wer für Ihre Bedürfnislage der passende Gesprächs- bzw. Interaktionspartner sein könnte. (Partner? Freunde? Kollegen? Mentoren? Schulleitung?)

4. Vergegenwärtigen Sie sich Ihre Erwartungen, die Sie an diese Person haben. (Was genau würde mir gut tun, und was wäre kontraproduktiv? Was brauche ich von X? Welche Art der Unterstützung wäre hilfreich für mich?)

5. Schaffen Sie einen angemessenen, vertrauensvollen Rahmen ohne Störungen und ohne Zeitdruck.

6. Teilen Sie sich Ihrem Gesprächspartner mit, offenbaren Sie diejenigen Gedanken, Gefühle, Sorgen und Nöte, die es braucht, um Ihr Anliegen zu verstehen.

7. Vermeiden Sie jede Form der Rechtfertigung für Ihre Gefühle. Ihre Gefühle haben für Sie Gültigkeit und sollten nicht Gegenstand einer Diskussion werden.

8. Formulieren Sie Ihre Wünsche und Bedürfnisse möglichst konkret. (Wie genau kann mein Gesprächspartner mir helfen? Was wünsche oder erwarte ich?)

9. Seien Sie sensibel für Ihren Gesprächspartner. Interessieren Sie sich auch für dessen Befindlichkeit. Hören Sie aufmerksam zu, fragen Sie interessiert nach, und entwickeln Sie Verständnis für die Betroffenheit des anderen. (Wo steht mein Gesprächspartner selbst? Wo hole ich ihn ab?)

10. Eine einmalige Information Ihrer Sach- und Konfliktlage sowie Ihrer Befindlichkeit und emotionalen Verfassung wird vermutlich nicht hinreichend sein, um Ihrem Gegenüber einen angemessenen und nachhaltigen Eindruck zu vermitteln. Bleiben Sie daher in engem und regelmäßigem Kontakt. Dies schafft Verbindlichkeit, Vertrauen und Nachhaltigkeit.

Denken Sie daran: Die Unterstützung nahestehender und vertrauenswürdiger Personen ist in Krisenzeiten Ihre stärkste Ressource und somit wertvollste Hilfe. Gute Freunde und vor allem der Lebenspartner sind gern und selbstverständlich bereit, sich Ihnen zuzuwenden und behilflich zu sein. Pflegen Sie gerade jetzt Ihre sozialen Kontakte, und nehmen Sie die zur Verfügung stehenden Beziehungsangebote wahr. Ziehen Sie sich nicht zurück, gehen Sie stattdessen aktiv auf Ihre Bezugspersonen zu, und offenbaren Sie Ihr Anliegen.

3 | ÜBUNGEN, METHODEN, STRATEGIEN

Schulstress meistern

Der Lehrerberuf bringt eine Fülle von Erwartungen mit sich, die Schüler, Eltern, Kollegen oder die Schulleitung an die Lehrkraft stellen. Aber auch die Gesellschaft trägt ihren Teil dazu bei, und letztlich sind es auch die erhöhten Erwartungen, die Lehrkräfte oft an sich selbst stellen, die erheblich zur Gesamtbelastung beitragen. Im Laufe dieses Kapitels werden wir Ihnen verschiedene Strategien im Umgang mit diesen typischen Stressoren des Schulalltags vorstellen. Zunächst erhalten Sie aber einige wissenswerte Informationen zu den Hintergründen sowie zu den Ursachen und Faktoren, die im Umfeld Schule auf den Einzelnen einwirken und in ein erhöhtes Stressaufkommen und den Umgang damit hineinspielen.

Die Gefahr, sich im Lehrberuf unabhängig von äußeren Stressoren, Anforderungen und Erwartungen hohe oder gar zu hohe eigene Ziele zu stecken, ist immens, denn die Lehrtätigkeit kann in all ihren vielen Facetten und Einzelaspekten immer noch ein wenig besser, optimaler, interessanter oder pädagogisch wertvoller gestaltet werden.

Der Druck ist hoch: Jede Stunde soll für die Schüler möglichst interessant und motivierend sein, der Lehrplan muss vollständig und gewissenhaft eingehalten werden, und jeder Schüler muss möglichst individuell gefördert werden. Lehrer denken, Sie müssten auf alle Fragen stets eine passable Antwort parat haben, und Sie haben den Anspruch, Ihre Schüler gleichzeitig zu fördern und zu fordern, wobei die neusten pädagogischen Konzepte gekannt und umgesetzt werden müssen. Alle Schüler sollen stets gerecht benotet werden, überhaupt besteht der Anspruch, alle Schüler in ihrer Individualität zu kennen, nicht nur ihre Namen, sondern auch ihre Stärken und Schwächen parat zu haben. Es darf kein Schüler in seinen Bedürfnissen übersehen oder übervorteilt werden, und im Umgang wird stets Gerechtigkeit, Freundlichkeit und Coolness erwartet. Selbst in brenzligen Situationen sollten Pädagogen stets einen kühlen Kopf bewahren und besonnen bleiben, zudem ist es ihre Aufgabe und Pflicht, alle Schüler stets motivieren zu können und selbst motiviert und mit guter Laune zu unterrichten. Schwächen dürfen dabei nicht gezeigt werden, Streit unter Schülern ist adäquat zu schlichten und Mobbing zu verhindern. Auch außerhalb des Unterrichts ist Engagement erwünscht und gefordert, zudem erwarten die Eltern, in allen Belangen informiert und integriert zu werden. Schüler erwarten die schnelle Korrektur von Arbeiten sowie das grenzenlose Verständnis der Lehrkraft. Letztlich besteht außerdem der Anspruch, ein guter, sozialer und hilfsbereiter Kollege zu sein, der im Kollegium geschätzt wird und auf den man sich verlassen kann. Hierzu gehört auch, nicht krank zu werden und sich in Projekten besonders zu engagieren.

Vor diesem Hintergrund erscheint es kaum fraglich, warum nur jede zehnte Lehrkraft die gesetzliche Altersgrenze bei regulärer Pensionierung erreicht (vgl. Jehle 1997). All die Herausforderungen und Erwartungen begründen zum Teil, warum in diesem Berufsstand gut ein Fünftel wegen Dienstunfähigkeit frühzeitig ausscheidet (vgl. Statistisches Bundesamt 2011). Welche Umstände im Lehrerberuf führen also zu diesen alarmierenden Zahlen?

Wie steht es z.B. um die mangelnde Anerkennung, die Lehrer sowohl von den Schülern und Eltern als auch von der Schulleitung und insbesondere der Gesellschaft erfahren? Lehrer leiden in besonderem Maße unter mangelnder Wertschätzung für das, was sie leisten und leisten müssen. Gleichwohl gibt es nur wenige Berufsgruppen, über die sich jeder ein Urteil erlaubt – wir sind alle zur Schule gegangen, haben gute und schlechte Lehrer erlebt und fühlen uns daher sowohl kompetent als auch berechtigt, Lehrer dahingehend zu beurteilen, ob sie richtig mit den Kindern umgehen, ob den Kindern genug beigebracht wird, ob gerecht benotet oder zu streng sanktioniert wird. Jeder Erwachsene meint, mit Lehrern kritisch und offensiv ins Gericht gehen zu dürfen, wodurch Eltern für Lehrer oft einen besonderen Stressor darstellen. Erschwerend kommt hinzu, dass Lehrer zu jener Zeit, als wir Erwachsene Schüler waren, nicht unter derart erheblichen Belastungen zu leiden hatten wie in der heutigen Zeit. Wie auch der Beruf der Flugbegleiter war der Lehrerberuf nicht immer so erschöpfend wie heute. Dennoch verbindet ein Großteil der Gesellschaft den Lehrerberuf heute nach wie vor mit viel zu viel Ferien und freier Zeit – ein Halbtagsjob sozusagen.

Gleichzeitig sind es jene Lehrer, die für die stetig zunehmende Zahl von Kindern aus instabilen und belasteten Familien oftmals wichtige Bezugspersonen sind. Durch wertschätzende Haltungen und das Anstreben einer Vorbildfunktion können Lehrer entscheidenden Halt geben, richtungsweisende Impulse für den weiteren Lebensweg geben oder Ausgangspunkt für schulisches Engagement sein. Sicherlich hatte jeder Leser einen einflussreichen Lehrer in seiner Schulzeit, der ihn in besonderer Weise berührt oder geprägt hat. Vermehrt haltlose Schüler erfahren durch Lehrer wichtige Orientierungshilfen und werden so zu lernwilligeren und leistungsfähigeren Schülern. Auch hierfür tragen Lehrer ein unterschiedliches Maß an gefühlter und damit belastender Verantwortung.

Hinzu kommen ständig wechselnde Schulreformen sowie fortwährende Veränderungen der schulpolitischen Landschaft bei gleichzeitig starren Strukturen und damit einhergehend Gefühle der Hilflosigkeit und Ohnmacht.

3 | ÜBUNGEN, METHODEN, STRATEGIEN

Es sind genau diese Gefühle und die dahinterstehenden Bewertungen, die das Bindeglied zwischen den Stressoren und der Stressreaktion sind: denn nur das, was uns bewegt und belastet, macht uns auch krank! Das so genannte „Ausbrennen" stellt einen schleichend stattfindenden und oftmals langwierigen, kumulativen Prozess dar, der durch viele Frühwarnsignale gekennzeichnet ist, bevor es dann im Endstadium zum völligen physischen und psychischen Zusammenbruch kommen kann. Für die Betroffenen, insbesondere für ehemals engagierte und von ihrem Beruf begeisterte Lehrer, die diesen Zusammenbruch erleben mussten, ist dies eine sehr prägende, mitunter traumatische Erfahrung, die das eigene Lebenskonzept, Selbstbild und Selbstwertgefühl in der Regel massiv erschüttert.

Es lassen sich keine klaren Zusammenhänge zwischen einzelnen Ursachen und einer Burnout-Entwicklung erklären, vielmehr handelt es sich um ein komplexes Zusammenwirken vieler unterschiedlicher gesellschaftlicher als auch dem schulischen Umfeld geschuldeter Faktoren, die auf eine Lehrkraft einwirken, die wiederum die Burnout-Entwicklung begünstigende personenbezogene Aspekte aufweist. So wirken dieselben Bedingungen im Arbeitsumfeld nicht auf jeden Lehrer in derselben Weise ein, und vor dem jeweiligen kulturellen, religiösen oder mentalitätsbedingten Hintergrund einer Person wirken sich auch gesellschaftliche Faktoren individuell unterschiedlich aus. Im Folgenden stellen wir Ihnen die für Lehrer häufigsten und wichtigsten Faktoren dieses komplexen Gefüges dar.

Stress verursachende Faktoren im schulischen Arbeitsumfeld:

* Veränderungen der Arbeitssituation durch z.B. Wechsel der Schulleitung, Schulreformen etc.

* einerseits Überforderung durch zusätzliche Aufgaben, gleichzeitig keine Förderung in eigenen Fähigkeiten und Neigungen

* permanenter Zeitdruck, Verdichtung von zu bewältigenden Aufgaben

* übermäßige Verantwortung

* Rechtfertigungsdruck hinsichtlich getroffener Entscheidungen

* Ziele der Schulbehörden, die den eigenen Wertvorstellungen widersprechen

* sich ständig verändernde Leistungsziele und unklare Erfolgskriterien

* zu wenig Lob, Anerkennung und Wertschätzung für Leistungen und Tätigkeiten

* Bedrohung des Selbstwertgefühls durch Schülerverhalten

* fordernde Eltern
* didaktischer Paradigmenwechsel
* zu wenig Entscheidungs- und Handlungsspielraum durch starre Strukturen
* schlechtes Schulklima (Hektik, Konflikte und Störungen)
* akute Konflikte mit der Schulleitung, Unzufriedenheit mit Führungsstil (mangelnde Unterstützung in der Auseinandersetzung mit schwierigen Eltern und Schülern; mangelnde Kommunikations- und Konfliktfähigkeit; mangelnde Diskussionsbereitschaft)
* keine Identifikation mit Anforderungen aus dem außerunterrichtlichen Bereich
* unzureichende bzw. fehlende soziale Unterstützung
* fehlende Rückzugsmöglichkeiten

Oft erleben Lehrer vor allem die verhaltensauffälligen, also undisziplinierten oder störenden Schüler als besonders belastend. Ein weiterer großer Stressor, der von Lehrkräften genannt wird, steht in unmittelbarer Wechselwirkung hierzu: die steigende Klassengröße. Weiterhin führt die steigende Stundenanzahl zu zunehmenden Stress. Besonders belastend wird die vermehrte Arbeit in der Klasse nachvollziehbarerweise dann, wenn der Unterricht in großen Klassen durch mehr auffällige Schüler gestört wird. Aktuell sorgt insbesondere das Thema Inklusion für Unsicherheit und ein Gefühl von Ohnmacht – Lehrer an Regelschulen fühlen sich der Aufgabe, die besonderen Schüler mit ihren verschiedenen Förderschwerpunkten in die Klasse und ihren Unterricht zu integrieren, nicht gewachsen, da ihnen das sonderpädagogische Know-how und die Erfahrungswerte fehlen.

Personenbezogene Ursachen, die häufig bei Lehrkräften vorzufinden sind:

* Streben nach Perfektion: Anfällig für eine Burnout-Entwicklung sind insbesondere Lehrkräfte, die sich selbst zu hohe Ziele setzen und diese auch mit (zu) großem Engagement und (zu) hoher Ausdauer verfolgen.
* labiles Selbstwertgefühl: Neigung zu Ängstlichkeit, mangelndem Selbstbewusstsein, Selbstzweifeln, Sorgen und Depressionen
* ausgeprägter Ehrgeiz: Lehrkräfte, deren Selbstwertgefühl größtenteils auf ihren beruflichen Leistungen beruht, streben sehr stark nach Erfolg und gehen hierbei häufig auch über eigene Belastungsgrenzen. Oft besteht eine überhöhte Neigung zur Verantwortungsübernahme.

3 | ÜBUNGEN, METHODEN, STRATEGIEN

* Unfähigkeit, anderen Grenzen zu setzen: Lehrkräfte, die nicht Nein sagen können, bekommen oft besonders viele Aufgaben, viel Verantwortung und werden auch häufiger von anderen ausgenutzt.

* Konfliktvermeidung

* mangelnde Selbstachtsamkeit und fehlende Regenerationsfähigkeit

* ungünstige arbeitsbezogene Einstellungen, wie „die Schule ist mein Leben", und damit verbunden die Bereitschaft zum Verzicht auf Aktivitäten, die die Erholung und Regeneration fördern

Uwe Schaarschmidt (2005) ist der Frage nachgegangen, in welchen Merkmalen sich Lehrer mit einem niedrigen oder aber einem hohen Burnout-Risiko unterscheiden. Im Ergebnis sind vier unterschiedliche Bewältigungsmuster erfasst worden. Im ersten Bewältigungsmuster, das mit einem niedrigen Burnout-Risiko einhergeht, finden sich Lehrer, die sich in einem gesunden Ausmaß beruflich engagieren und eine gute Distanzierungsfähigkeit zeigen. Im zweiten Muster mit geringem Risiko finden sich diejenigen Lehrer, die geringe Werte in Bezug auf ihr Engagement und gleichzeitig sehr hohe Werte in der Distanzierungsfähigkeit aufweisen. Das dritte Bewältigungsmuster geht mit hohem Erkrankungsrisiko einher und ist durch ein überhöhtes Engagement bei gleichzeitig niedriger Distanzierungsfähigkeit gekennzeichnet. Im viertem Muster, welches ebenfalls ein hohes Burnout-Risiko in sich birgt, findet sich zwar ein geringer Wert in Bezug auf das Engagement, auf Grund der geringeren Distanzierungsfähigkeit ist bei diesem Bewältigungsmuster jedoch davon auszugehen, dass diese Lehrkräfte bereits resigniert haben.

Gesellschaftliche Faktoren

* Lehrer leben in einem leistungsorientierten Umfeld innerhalb einer leistungsorientierten Gesellschaft, in der alles schneller, komplexer und effizienter wird/werden muss und in der die Zeit (für Regeneration) ein Luxusgut darstellt.

* Berufliche und finanzielle Unsicherheit durch befristete Stellen, geringe Ortssicherheit und hohe Mobilitätsanforderungen setzen Eltern unter Druck; diesen geben sie an ihre Kinder weiter, die ebenfalls belastet werden.

* Familiäre Probleme nehmen zu. Durch Trennungen, Scheidungen, neue Familienzusammensetzungen und Nachtrennungskonflikte in Patchwork-Familien kommt es zu mehr Spannungsfeldern. Kinder (Schüler) tragen häufig seelische Belastungen mit sich herum, es kommt vermehrt zu emotionaler und materieller Unterversorgung. Häufig leiden Kinder im Spannungsfeld der Eltern und sind Loyalitätskonflikten oder Gewalt ausgeliefert.

* Das veränderte Freizeitverhalten bei Schülern durch weniger körperliche Bewegung und lange PC- und Fernsehzeiten verursacht Medien- und Reizüberflutung, innere Beschleunigung und Druck ohne angemessenen Ausgleich.

* Fehlende Alltagsrhythmen durch Wochenend-, Teilzeit- oder Schichtarbeit bei gleichzeitig unzureichenden Betreuungsangeboten führt dazu, dass Kinder mehr allein zu Hause bleiben und gefordert sind, sich selbst zu organisieren.

* Vermehrung von alleinerziehender Tätigkeit benachteiligt die Eltern in zeitlicher, organisatorischer und energetischer Hinsicht, was zudem häufig zu einem schlechten Gewissen den Kindern gegenüber führt.

* Internetzeiten werden länger, da soziale Netzwerke den Kontakt zu Gleichaltrigen bei vollen Wochenkalendern leichter ermöglichen und ihn zudem oft scheinbar intensiver erleben lassen. Die mangelnde Aufsicht und Kontrolle ermöglicht pädagogisch schädliche Inhalte, die sich negativ auf das Sozialverhalten der Kinder auswirken.

* Mobbing von Schülern wird durch das Internet erleichtert. Der virtuelle Raum bietet gute Gelegenheiten, Mitschüler im Schutze der Anonymität zu stalken, zu belästigen oder zu mobben.

* Zunehmende Verhaltensauffälligkeiten von Kindern im „Land der Erschöpften", wie es im „Spiegel" 2011 zu lesen war. Neun Millionen deutsche Erwachsene sind demnach derzeit vom Erschöpfungssyndrom betroffen; auf Grund eigener Bedürftigkeit und Überforderung kommt die qualitative Auseinandersetzung mit den Kindern zu kurz, sodass es an Wertevermittlung, Grenzsetzung und pädagogisch wertvoller Erziehung mangelt.

* Überfürsorgliches Erziehungsverhalten nimmt ebenso zu wie die emotionale Vernachlässigung. Beide Extremformen wirken sich dahingehend aus, dass Kinder sich psychosozial weniger verantwortungsbewusst und zudem unselbstständig entwickeln.

Diese gesellschaftlichen Faktoren wirken sich in erster Linie bei den Erwachsenen, jedoch auch bei den Kindern, sozusagen als Spiegelbild, in Form von Halt- und Orientierungslosigkeit aus. Die Folgen sind ein störungsanfälligeres und schwierigeres Mitei-nander, was sich wiederum in Form von Stressoren im Schulalltag niederschlägt. Fast die Hälfte aller Lehrer klagen neusten Studien zufolge unter psychischem Stress durch Schülerverhalten (Machtkämpfe, Austesten von Grenzen, übermäßiges Bedürfnis nach Aufmerksamkeit, Ruhelosigkeit, Gewaltbereitschaft, geringe Frustrationstoleranz, Verrohung bzw. gewissenloses Verhalten, fehlende Umgangsformen). All dies sind Konsequenzen aus gesellschaftlichen Faktoren, die bei den Schülern zu Unsicherheiten, Ängsten, Überforderung, Einbußen in der Lern- und Leistungsbereitschaft und -fähigkeit sowie zu psychosomatischen Beschwerden führen und somit die Lehrtätigkeit erschweren.

3 | ÜBUNGEN, METHODEN, STRATEGIEN

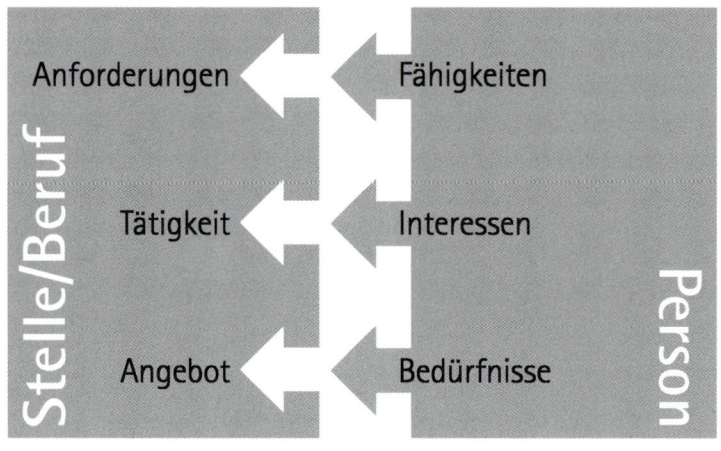

Es besteht immer eine Wechselwirkung zwischen den Anforderungen der beruflichen Tätigkeit, den gesellschaftlichen Faktoren und den persönlichen Eigenschaften und Fähigkeiten.

→ Grafik 12: Passung der eigenen Fähigkeiten und der Anforderungen im Beruf

Die komplexen und spezifischen Anforderungen des Lehrerberufes sollten im Einklang stehen mit den Eigenschaften, Kompetenzen und Stärken der Lehrkraft (siehe Grafik 12). Die Anforderungen der Lehrtätigkeit sollten zum individuellen Leistungsprofil passen, die zu verrichtenden Tätigkeiten größtenteils den Interessen und Fähigkeiten der Lehrkraft entsprechen.

Vor dem Hintergrund all dieser theoretischen Kenntnisse bieten wir in den folgenden Unterkapiteln hilfreiche, praxisorientierte und effektive Tipps, Methoden und Übungen an, die Ihnen dabei helfen können, belastende Arbeitssituationen oder -bedingungen besser zu bewältigen, eigene Stärken und Schwächen besser zu erkennen und spezifische Kompetenzen im Sinne der Prävention zu erweitern, damit Sie den Schulstress erfolgreich meistern können.

Grundlagen des Stressmanagements

Worum geht's?

Der Begriff „Stressmanagement" bezeichnet die unterschiedlichen Methoden, um Stress zu reduzieren oder abzubauen. Sie sind insbesondere dann bedeutsam, wenn unsere bisherigen Stressbewältigungsmaßnahmen nicht ausreichen, um unsere Gesundheit oder Leistungsfähigkeit zu erhalten. Dabei gilt es, zu beachten, dass jeder Mensch individuell auf bestimmte Stressoren reagiert, für bestimmte Arten von Stressoren anfällig ist und zumeist typische Verhaltensmuster hat, mit denen er Stressoren begegnet.

Die Toleranz gegenüber inneren und äußeren Belastungen ist hoch individuell. Wir alle reagieren auf unsere ganz eigene Weise auf unterschiedliche Stressoren. Sie müssen also zunächst für sich selbst herausfinden, welche Stressmanagementmethoden Sie brauchen und welche Ihnen helfen.

Wissenswertes

Konkret kann sich ein gutes Stressmanagement darin zeigen, sich seiner spezifischen Stressoren bewusst zu sein (siehe „Checkliste zur Kurz-Diagnostik" im Kapitel 2, S 18 f.) und auch in akut Stress auslösenden Situationen einen kühlen Kopf bewahren zu können sowie wiederkehrenden oder anhaltenden Stressoren adäquat zu begegnen, indem sie entweder angemessen reduziert oder bewältigt werden.

Einige wichtige Grundregeln zum Stressmanagement wurden bereits in vorherigen Kapiteln erörtert. Hierzu gehört es, selbstfürsorglich und achtsam zu sein, sowie eine gesunde Lebensführung zu verfolgen.

Neben diesen wichtigen Aspekten spielen auch die konkrete Reduktion sowie eine adäquate Bewältigung der Stressoren eine elementare Rolle. In diesem Kapitel stellen wir Ihnen übergeordnete Strategien zur Stressreduktion vor. Wir haben uns dabei auf jene konzentriert, die in typischen Schulalltagssituationen besonders hilfreich sein können. Aus der praktischen Erfahrung wird dabei eines immer deutlich: Stressoren entstehen meist durch zwischenmenschliche Konflikte, und diese wiederrum entstehen durch ungenügende, ungünstige oder gar eskalierende und konfliktverschärfende Kommunikation. Verbale sowie nonverbale Kommunikation, Gesprächsführung sowie Konfliktlösestrategien sind also wichtige Bereiche, in denen Sie Ihre Kompetenzen erweitern können, um Energie raubenden Streit zu vermeiden. Doch beachten Sie, dass eine wohlwollende und lösungsorientierte Kommunikation sich nicht von selbst einstellt. Gezielte Kommunikation erfordert nicht nur Mühe, sondern auch ein Maß an Achtsamkeit und Reflexionsvermögen. Haben Sie jedoch erst einmal einige wichtige Grundregeln verinnerlicht, so werden Sie Ihre Emotionen zunehmend steuern und einem Gespräch eine gezielte Richtung geben können. Grundlagen für eine lösungsorientierte Kommunikation können Sie in nahezu allen zwischenmenschlichen Konflikten anwenden. Sie sind entscheidend für die Kommunikation mit Schülern, Eltern, Kollegen und auch mit der Schulleitung oder Ihrem Partner. Wir empfehlen Ihnen daher, sich mit den nachfolgenden Kommunikationsregeln nach und nach vertraut zu machen und regelmäßig auszuprobieren. Sie eignen sich damit ein wichtiges Grundgerüst im Rahmen des Stressmanagements an.

3 | ÜBUNGEN, METHODEN, STRATEGIEN

In den nachfolgenden Kapiteln ergänzen wir diese allgemeingültigen Stressmanagementgrundlagen durch Strategien und Übungen, die sich auf spezifische Stressoren des Lehrerberufes beziehen.

Übungen, Methoden, Strategien

Die sieben wichtigsten Regeln für eine Stress reduzierende Kommunikation

Zwischenmenschliche Konflikte gründen immer auf dem Verhalten aller Beteiligten. Das bedeutet zwar, dass Sie nur einen, nämlich Ihren Teil zur Konfliktklärung beisteuern können, aber machen Sie sich bewusst, dass Ihr Verhalten immer auch das Verhalten anderer beeinflusst (und umgekehrt). Reagieren Sie z.B. trotz Abwertung durch einen Elternteil freundlich und verständnisvoll statt wütend und Ihrerseits abwertend. So werden Sie damit den weiteren Verlauf des Geschehens grundlegend beeinflussen. Dieses Beispiel macht aber bereits deutlich, was lösungsorientierte Kommunikation voraussetzt: sich nicht von Emotionen verleiten zu lassen, stattdessen klar und deutlich zu bleiben und grundsätzlich eine wohlwollende Haltung beizubehalten. Es sei Ihnen vorab gesagt: Dies erfordert eine Menge Übung!

Im Folgenden finden Sie sieben Kommunikationsregeln. Nehmen Sie sich eine Regel nach der anderen zum Üben vor, und geben Sie sich jeweils ausreichend Zeit dafür. Es hat sich gezeigt, dass gute Übungseffekte besonders dann zu erzielen sind, wenn Sie sich pro Woche konkret an eine Kommunikationsregel zu halten versuchen bzw. sie zunächst so lange einüben, bis sich erste Erfolgserlebnisse einstellen, bevor Sie mit einer nächsten Übung beginnen.

Kommunikationsregel 1: Der Empfänger bestimmt die Botschaft

Eine wichtige Kommunikationsregel besagt, dass immer der Empfänger die Botschaft bestimmt. Damit wird ausgedrückt, dass es eine Vielzahl möglicher Interpretationen des Gesagten gibt. Oftmals senden der Sender und der Empfänger nicht auf derselben Frequenz, sodass etwas empfangen wird, was gar nicht gesendet wurde.

Beispiel: Sie geben einem Schüler die Klassenarbeit mit den Worten „Schade, es ist leider nur eine 2+ geworden" zurück. Der Schüler versteht daraus, dass Sie enttäuscht von seiner Leistung sind, und ist vielleicht traurig. Eigentlich wollten Sie jedoch Ihr Bedauern zum Ausdruck bringen, dass der Schüler nur um einen Punkt die Note 1 verfehlt hat, die Sie ihm so sehr gewünscht hätten, da er ein fleißiger und bemühter Schüler ist.
Wie lassen sich solche Missverständnisse vermeiden?

So geht's: Sie als Sender Ihrer Nachricht müssen so exakt wie möglich formulieren. Da dies nicht immer leicht umzusetzen ist, üben Sie sich darin, die Reaktionen Ihres Gegenübers auf Ihre Aussage anhand der Mimik, Ausstrahlung und Körpersprache zu überprüfen. Gleichermaßen wichtig ist es, dass Sie bei Unklarheiten beim Empfangen einer Nachricht nachfragen sollten. Überprüfen Sie, was tatsächlich gemeint ist, anstatt zu interpretieren. Achten Sie grundsätzlich auf folgende Punkte:

* deutliches, unmissverständliches Ausdrücken Ihrer Informationen, Wünsche und Erwartungen

* Überprüfung, ob Ihr Gesprächspartner das verstanden hat, was Sie tatsächlich senden wollten

* Der Empfänger wiederholt zu diesem Zweck mit eigenen Worten das Gesagte des Senders: „Ich habe verstanden, dass … Ist das richtig?".

* Der Sender der Botschaft überprüft, ob das Empfangene dem Gemeinten entspricht, und ergänzt oder korrigiert ggf. Im positiven Fall wird das Verstandene bestätigt.

Kommunikationsregel 2: Ich-Botschaften
Eine weitere wichtige Kommunikationsregel besagt, dass wir unsere Anliegen nicht mit so genannten Du-Botschaften vermitteln sollten, da sie Widerstand auslösen. Du-Botschaften hören sich für den Empfänger der Botschaft in der Regel vorwurfsvoll, kritisch, ablehnend oder gar abwertend an. Hierauf wird in der Regel jeder Betroffene erst mal negativ reagieren, je nach Temperament und Persönlichkeit kann dies kritisch, feindselig, enttäuscht, deprimiert, rechtfertigend, schuldbewusst oder traurig sein. In jedem Fall werden damit eine Offenheit des Gesprächs sowie eine wertschätzende Gesprächsatmosphäre verhindert und konstruktive Lösungen erschwert oder gänzlich unmöglich gemacht.

So geht's: Senden Sie also Ich-Botschaften, und sprechen Sie davon
… wie Sie ein Verhalten wahrnehmen (statt wie jemand anderes sich verhält)
… was dies für Sie bedeutet (statt was der andere angeblich gemeint haben soll)
… wie Sie sich dabei fühlen (statt was der andere angeblich beabsichtigt)
… was Sie sich vom anderen wünschen (statt Forderungen zu stellen)

Beispiel für eine Du-Botschaft im Elterngespräch: „Wenn Sie nicht darauf achten, dass Ihr Kind frühzeitig ins Bett kommt, ist es kein Wunder, wenn es in meinem Unterricht einschläft!"

3 | ÜBUNGEN, METHODEN, STRATEGIEN

Beispiel für eine Ich-Botschaft: „Nach meiner Erfahrung hilft es sehr, wenn Eltern ihr Kind dabei unterstützen, angemessene Bettgehzeiten einzuhalten. Sie könnten z.B. feste Uhrzeiten ausmachen und Rituale einführen."

Kommunikationsregel 3: Übergeneralisierungen bewusst vermeiden

Im Sprachgebrauch vieler Menschen kommt es häufig zu so genannten Übergeneralisierungen, wie „immer", „nur", „nie", „alles", „nichts" ... In der Folge fühlt sich der Gesprächspartner in seiner ganzen Person abgewertet und reagiert entsprechend ungünstig, sodass kaum eine Option entsteht, konkrete Situationen konstruktiv zu besprechen.

So geht's: Versuchen Sie, all diese ungünstigen Wörter auf eine Art innere rote Liste zu setzen. Bei jedem Gebrauch eines dieser Worte sollte innerlich eine rote Lampe oder ein Warnsignal aufleuchten. Ersetzen Sie dann dieses Wort durch eine angemessenere Formulierung, die für Ihr Gegenüber annehmbar und akzeptabel ist. Dadurch wird Ihr Gesprächspartner eher bereit sein, über Ihr Gesagtes ernsthaft nachzudenken, anstatt sich gegen diese Übergeneralisierungen zu wehren, zu verteidigen oder gar nicht erst darauf einzugehen, weil er Ihre Aussagen für absurd und nicht zutreffend hält.

Beispiel für Übergeneralisierung: „Nie passt du im Unterricht auf, du lärmst und störst immer nur."

Angemessenere Formulierung: „Mir fällt auf, dass du in letzter Zeit vermehrt Schwierigkeiten hast, dem Unterricht konzentriert zu folgen, stattdessen verursachst du häufiger Unruhe und störst damit einige Mitschüler. Woran liegt das? Ich möchte nach dem Unterricht gerne mit dir darüber sprechen."

Kommunikationsregel 4: Mut zur Selbstoffenbarung

Viele Menschen haben Hemmungen, ihre wahren Gedanken und Gefühle zu offenbaren. Statt also in einem Gespräch die eigene Betroffenheit augenscheinlich werden zu lassen, bleibt sie hinter dem Schutz einer Fassade verborgen. Das Preisgeben der eigenen Befindlichkeit ist oftmals mit einem Gefühl der Scham oder Angst verbunden, von dem Gegenüber für schwach, labil, verletzlich, verkehrt oder empfindlich gehalten zu werden. Insbesondere in Konfliktsituationen, in denen zwischen den Beteiligten kein ausreichendes Vertrauensverhältnis besteht, oft also im beruflichen Kontext, werden Offenbarungen über die eigene Befindlichkeit sowie die persönlichen Befürchtungen und Anliegen eher verschleiert und verborgen. Aus mangelndem Mut, sich als fühlender und betroffener Mensch zu zeigen und entsprechend zu positionieren,

werden auf der Sachebene Argumente ausgetauscht, die sich jedoch in ihrer Wirkung nicht stimmig entfalten können, da die verborgenen Gedanken und Gefühle dennoch in den Botschaften mitschwingen und so für Unstimmigkeit sorgen. Dabei zeigt sich, dass Offenbarungen eines Gesprächspartners in der Regel ebenfalls zu mehr Offenheit des Gegenübers führen. Die Befürchtungen, die eigenen Offenbarungen könnten missbräuchlich behandelt werden, treffen zumeist nicht zu, vielmehr gestalten sich Gespräche anschließend mit einer großen Wahrscheinlichkeit eher intensiver, wohlwollender und auch gewissenhafter, denn kaum jemand mag einen Menschen verletzen, der sich soeben verletzlich gezeigt hat.

So geht's: Seien Sie selbstbewusst im Gespräch mit Ihrem Gegenüber, verstecken sie Ihre Wünsche, Absichten und Motive nicht hinter Scheinargumenten. Setzen Sie nicht eine gute Miene zum bösen Spiel auf, zeigen Sie sich vielmehr authentisch und wahrhaftig. Positionieren Sie sich, seien Sie klar, offen und transparent mit Ihren Absichten und dem, was Sie bewegt. Dies bedeutet nicht, dass Sie all Ihre Gefühle und intimen Gedanken preisgeben müssen. Überlegen Sie sich, was Sie von Ihrem Gesprächspartner wollen und wie selbstoffenbarend Sie sein können, um Klarheit und Offenheit im Gespräch zu erzeugen. Werden Sie spürbar für Ihr Gegenüber.

Denken Sie außerdem daran, dass das gesprochene Wort nur wenige Prozent der Gesamtkommunikation ausmacht. Ihre Transparenz wird sich also insgesamt in einer Weise ausdrücken, die sich für Ihr Gegenüber stimmiger und somit Vertrauen erweckender darstellt und anfühlt.

Beispiel: „Es tut mir leid, wenn ich heute etwas unkonzentriert und weniger beteiligt bin. Mein Sohn hat sich gestern das Bein gebrochen, und ich habe die halbe Nacht in der Notaufnahme verbracht. Ich bin übermüdet und mache mir zudem große Sorgen drüber, wie es ihm wohl gerade geht und ob er zurechtkommt."

Kommunikationsregel 5: Pausieren statt eskalieren
Vermutlich haben auch Sie schon Konfliktgespräche erlebt, in denen Sie sich selbst oder Ihren Gesprächspartner kaum wiedererkannt haben, in denen Gefühle so überschäumend waren, dass eine Eskalation der Situation nicht mehr verhindert werden konnte.

Wenn das Emotionszentrum des Gehirns betroffen ist, dann lässt sich nicht mehr vernünftig denken, Konflikte sind dann nicht mehr zu klären und schon gar nicht mehr zu lösen.

3 | ÜBUNGEN, METHODEN, STRATEGIEN

So geht's: Wann immer Sie spüren, dass Ihre Emotionen die Oberhand gewinnen: Verlassen Sie die Situation, legen Sie eine Pause ein, und vertagen Sie die Auseinandersetzung auf einen späteren Zeitpunkt. Verabreden Sie sich hierzu gezielt, und Sie werden sehen, wie günstig sich das emotionale Abkühlen auf eine spätere Klärung auswirken wird.

Kommunikationsregel 6: Umformulieren von Kritik in Wünsche
In unserem Kulturkreis neigen wir eher dazu, Erwartungen, Forderungen oder sogar Vorwürfe zu formulieren, anstatt die dahinterliegenden Wünsche, Sehnsüchte oder gar Visionen zu offenbaren. Aus der Forschung zur Kommunikation konnte deutlich festgestellt werden, dass sich quasi hinter jedem Vorwurf und jeder Kritik eine versteckte Sehnsucht, ein konkretes Bedürfnis oder auch eine Sorge oder Befürchtung finden lässt. Die Kunst ist es also, sich selbst mit seinen Wünschen, Bedürfnissen, Hoffnungen und Sehnsüchten stärker auseinanderzusetzen und auch offenbarender damit umzu-gehen. Vorwürfe verschließen Türen – Wünsche öffnen Türen. Hierbei ist es gleichbedeutend, ob es sich um einen partnerschaftlichen oder beruflichen Kontext handelt, denn auch dort gibt es sowohl Wünsche und Bedürfnisse als auch Befürchtungen.

So geht's: Vergegenwärtigen Sie sich die letzte Kritik oder den letzten Vorwurf, den Sie formuliert haben. Nehmen Sie sich etwas Zeit für Selbstreflexion, und versuchen Sie herauszufinden, was sich eigentlich hinter dieser Kritik verborgen hat. Um welches Bedürfnis hat es sich wirklich gehandelt, welcher Wunsch lag darin versteckt? Haben Sie Mut, diesen Wunsch in selbstoffenbarender Weise zu formulieren. So geben Sie Ihrem Gesprächspartner eine klare Orientierung über Ihren Standpunkt und Ihre Wünsche und Erwartungen. Sie schaffen Klarheit und bieten zugleich auch Ihrem Gesprächspartner die Gelegenheit, dessen Wünsche und Bedürfnisse ebenfalls zu formulieren. Somit kann mit Befürchtungen oder Vorbehalten transparenter und konstruktiver umgegangen werden.

Beispiel Kritik: „Schon wieder wird meine Theater-AG durch andere Projekte ersetzt, das macht mich wütend!"

Beispiel Wunsch: „Ich möchte meine Kreativität und meine Expertise in diesem Bereich mehr einbringen und bin enttäuscht darüber, dass mein bisheriger Einsatz in dieser AG so wenig gewürdigt wird."

Kommunikationsregel 7: Ein gesundes Kommunikationsverhältnis von 3:1 herstellen
Diese Regel besagt, dass das Maß Ihrer wertschätzenden Kommunikation durch Lob, Anerkennung, Komplimente oder Dankbarkeit mindestens 3-mal so groß sein sollte wie die Häufigkeit an Kritik, Vorhaltungen, Vorwürfen oder Forderungen, die Sie äußern. Es konnte in Untersuchungen belegt werden, dass sich Personen trotz vorgebrachter Kritik dennoch wertgeschätzt fühlten, wenn dieses Verhältnis eingehalten worden war. Auch waren die Betroffenen offener und zugänglicher gegenüber den kritischen Argumenten und verhielten sich insgesamt kooperativer und konstruktiver.

So geht's: Gehen Sie in Gedanken all Ihre wichtigen zwischenmenschlichen Kontakte durch, auch diejenigen, mit denen es sich derzeit vielleicht schwierig oder konflikthaft gestaltet. Überprüfen Sie selbstkritisch, wie häufig Sie sich diesen Personen gegenüber wertschätzend und anerkennend oder aber eher abwertend und kritisch verhalten. Nehmen Sie sich nun vor, in jedem künftigen Kontakt auf dieses Verhältnis zu achten. Sie sollen dabei nicht auf wichtige oder gar konstruktive Kritik verzichten, Sie sollten jedoch innerlich Buch führen und achtsam bleiben, ob das Maß an Kritik in dem benannten gesunden Verhältnis zu Ihrer formulierten Wertschätzung und Anerkennung steht. Sie werden erstaunt feststellen, wie sich die Atmosphäre zu Ihren Gesprächspartnern hierdurch deutlich spürbar verbessern wird. Und: „Wie man in den Wald hineinruft, so schallt es heraus." Freuen also auch Sie sich auf mehr entgegengebrachte Wertschätzung!

Fünf Schritte zur KRISEnbewältigung

Jeder von uns kennt akute Stresssituationen, in denen die Bewältigung einer gegenwärtigen Herausforderung unerreichbar erscheint. Sei es, dass wir den Bus verpassen, obwohl wir zu einem wichtigen Termin müssen, oder eine erstmals überfordernde Situation im Unterricht oder ein eskalierendes Elterngespräch bis hin zu Ehekrisen oder finanziellen Problemen. Nur selten gibt es keine Lösungen für ein Problem – der Eindruck, die aktuelle Situation nicht bewältigen zu können, entsteht vielmehr auf Grund der emotionalen Verfassung, in die wir unter akutem Stress geraten. Diese Emotionalisierung führt dazu, dass wir wegen unserer angespannten Verfassung, die oftmals mit Gefühlen der Hilflosigkeit, Angst, Panik oder Ohnmacht einhergeht, nicht in der Lage sind, rational, überlegt, logisch, konstruktiv oder vernünftig zu denken.

Die folgenden fünf Schritte können Ihnen helfen, trotz der inneren Anspannung die eigenen Gedanken sinnvoll zu ordnen, um wieder Herr der Lage zu werden und Schritt für Schritt konstruktive Lösungen anzustreben. Prägen Sie sich die folgenden Schritte ein, und setzen Sie sie um, wann immer Sie sich in einer Situation hilflos, überfordert oder gar panisch fühlen:

3 | ÜBUNGEN, METHODEN, STRATEGIEN

Kurz orientieren: Verschaffen Sie sich grundsätzlich erst einmal eine Orientierung und einen klaren Überblick über die Konfliktsituation, quasi wie aus einer Vogelperspektive. Welche Verbindungen, Zusammenhänge oder Konsequenzen sind in der Gesamtsituation zu betrachten, welche Aufgabe oder Herausforderung gilt es, nun zu bewältigen.

Ruhe bewahren: Begegnen Sie der Konfliktsituation möglichst angst- und sorgenfrei. Reduzieren Sie negative und hinderliche Emotionen durch Techniken der Distanzierung und Beruhigung. Vermeiden Sie katastrophisierende Gedanken, und ersetzen Sie sie durch hilfreiche Sätze (siehe nachfolgende Übungen).

Ideen sammeln: Vergegenwärtigen Sie sich konkret sämtliche Handlungsoptionen, die Sie in der Situation haben, um die Problemlage zu bewältigen. Zerlegen Sie die Aufgabe, die vor Ihnen legt, gedanklich in Einzelteile. So vermeiden Sie eine Dramatisierung oder Verschärfung der Situation und erhalten eine neutralere Sicht auf das Gesamtgeschehen.

Situation lösen: Entscheiden Sie sich nun für die erste sinnvolle Handlungsoption und werden Sie aktiv. Sehen Sie diesen ersten Schritt als Teilaufgabe an. So lassen Sie sich nicht entmutigen, sondern „zerlegen" das Problem und beginnen, es Schritt für Schritt zu bewältigen.

Erfolge benennen: Nehmen Sie Ihren Erfolg wahr, und machen Sie sich bewusst, dass Sie diese herausfordernde Situation gemeistert haben. Vergegenwärtigen Sie sich, welche persönlichen Fähigkeiten, Fertigkeiten oder Eigenschaften Sie dabei einsetzen konnten.

Stress mildernde Gedanken

Wir haben Ihnen bereits vermittelt, wie sich Gedanken, Gefühle, körperliches Befinden und Verhalten gegenseitig beeinflussen und wie es uns gelingen kann, ungünstige Gedankenketten zu stoppen, um in der Konsequenz negative oder hinderliche Gefühle sowie Verhaltensweisen zu unterbinden. Im Folgenden finden Sie typische Stress verstärkende sowie mögliche Stress mildernde Gedanken aufgelistet, die Ihnen ebenfalls helfen können.

Anleitung: Kreuzen Sie zunächst links diejenigen Stress verstärkenden Gedanken an, die Ihnen vertraut vorkommen und häufiger durch den Kopf gehen. Kennzeichnen Sie dann rechts diejenigen Stress mildernden Gedanken, die Ihnen griffig, motivierend, entlastend oder annehmbar erscheinen. Verinnerlichen Sie diese Gedanken, sodass Sie sich ihrer in künftigen, angespannten Situationen schnell und wirkungsvoll bedienen können.

Stress antreibende Gedanken	Stress mindernde Gedanken
○ Ich kann das nicht!	○ Das wird schon!
○ Das schaffe ich nie!	○ Es gibt für alles eine Lösung.
○ Das kann nicht funktionieren!	○ Konzentration!
○ Ich will/kann nicht mehr!	○ Erst mal tief durchatmen.
○ Warum muss das immer mir passieren?	○ Kann ja jedem mal passieren.
	○ Davon geht die Welt auch nicht unter.
○ Ein Unglück kommt selten allein …	○ So schlimm ist es auch nicht.
○ Ich will hier weg!	○ Ich werde das schon schaffen.
○ Das wird nie was!	○ Man kann es eben nicht allen recht machen.
○ Hilfe!	
○ Was wird wohl … dazu sagen?	○ Ruhe bewahren!
○ Wie peinlich!	○ Die werden mir nicht ewig böse sein.
○ Wie kann man nur so blöd sein?	○ Eins nach dem anderen!
○ Verflucht!	○ Ich hab' schon ganz andere Sachen gemeistert!
○ So wird das nichts!	
○ Ich bin schuld.	○ Andere machen auch Fehler!
○ Ich darf keine Fehler machen.	○ 80 % ist gut genug.
○ Das wird niemals perfekt!	○ Ich muss nicht mehr, als mich bemühen, es kann nicht immer alles gelingen.
○ Ich bin immer so ungeschickt!	

Die Macht der Distanzierung

Bestimmt haben Sie schon mal die Erfahrung gemacht, dass Sie rückblickend eine damals als dramatisch oder schwerwiegend erlebte Situation mit zeitlichem Abstand doch erheblich milder oder gelassener bewerten konnten. Dies ist kein Zufall, sondern darauf zurückzuführen, dass es Phänomene gibt, die ein und dieselbe Situation aus

3 | ÜBUNGEN, METHODEN, STRATEGIEN

unterschiedlichen Blickwinkeln auch unterschiedlich erscheinen lassen. Dazu muss nicht zwangsläufig viel Zeit vergehen – probieren Sie doch einmal die folgenden beiden Methoden für einen Perspektivwechsel aus, um eine neue, entschärfende Sicht auf eine aktuell problematische Situation zu gewinnen.

Neue zeitliche Perspektive: Versuchen Sie, sich jetzt ganz konkret vorzustellen, wie Sie die aktuelle Situation zu einem späteren Zeitpunkt rückblickend betrachten und bewerten werden. Wie werden Sie wohl in zehn Jahren darüber denken?

Neue räumliche Perspektive: Versuchen Sie, eine neue Perspektive einzunehmen, aus der heraus Sie sich selbst sowie die derzeitige Belastungssituation von außen betrachten. Nehmen Sie etwas Abstand zum Geschehen, stellen Sie sich vor, Sie gehörten gar nicht dazu, und Sie betrachteten die Situation lediglich von außen.
Stellen Sie sich dafür z.B. einen hohen Turm vor, und steigen Sie in Gedanken ganz bis oben auf die Spitze: Betrachten Sie nun von dort aus die Problematik. Oder stellen Sie sich in Gedanken einen sehr hohen Berg vor, auf dessen Gipfel Sie steigen, um das Geschehen von dort aus anzusehen. Sie können sich auch gerne noch weiter entfernen. Nehmen Sie großen Abstand, legen Sie richtig Strecke zurück, und beobachten Sie, was dabei in Ihrer Betrachtung und Bewertung des Problems passiert.

Beruhigungsrituale

Ein bekanntes Sprichwort sagt: „Wenn du in Eile bist, dann setze dich." Nicht nur durch unsere Gedanken können wir in herausfordernden Situationen wieder mehr Kontrolle und Ruhe erlangen, sondern auch konkrete Verhaltensweisen ermöglichen es uns, wirkungsvoll mehr Gelassenheit zu entwickeln. Im Folgenden finden Sie einige Vorschläge für Beruhigungsrituale, die wirkungsvoll und schnell die innere Anspannung reduzieren können:

* Atemritual: Atmen Sie bewusst 5-mal tief ein und aus, oder atmen Sie achtsam (siehe Kapitel „Achtsamkeit", S. 39).

* Ballen und lösen Sie abwechselnd Ihre Hände zu Fäusten, und halten Sie dabei die Anspannung für einen Moment, sie wird sich dadurch reduzieren.

* Schließen Sie Ihre Augen, und lächeln Sie sich innerlich selbst zu. Nachweislich beeinflussen nicht nur Stimmungen unsere Mimik, auch unsere Mimik kann – quasi im Sinne einer Rückkopplung – unsere Stimmung positiv wie negativ beeinflussen.

* Lösen Sie sich einen Moment aus der Situation, oder legen Sie Musik auf, von der Sie wissen, dass sie Sie beruhigt. Automatisch wird sich Ihr Zustand entspannen.

Denken Sie daran: Es gibt kein Leben ohne Belastungen, Herausforderungen und Strapazen, hingegen gibt es sehr unterschiedliche Wege des Umgangs damit. Eignen Sie sich unsere Bewältigungsmethoden an, und üben Sie sie so oft wie möglich ein. Sie werden künftigen Stressoren gelassener begegnen, wodurch sich ihr Stresspegel automatisch reduziert.

Stress mit Schülern reduzieren

Worum geht's?

Lehrer zu sein kann und sollte Spaß machen, ebenso können sich Lehrer durch Schülerverhalten aber auch belastet oder in ihrem Selbstwertgefühl bedroht fühlen. Viele Lehrkräfte erleben Ohnmachtsgefühle durch Schüler, auf die sie scheinbar keinen Einfluss geltend machen können. Im folgenden Kapitel vermitteln wir Ihnen daher tiefere Einblicke, bieten neue Perspektiven auf Schüler und ihr Verhalten und stellen Ihnen konkrete Strategien im Umgang mit auffälligen Schülern vor.

Wissenswertes

Ungünstige gesellschaftliche Bedingungen und Phänomene, wie etwa zunehmende Raten von Langzeitarbeitslosen, atypische Erwerbsverhältnisse oder milieuspezifische Unsicherheitsbewältigung, bewirken bei Eltern zunehmende soziale Unsicherheit und Armut sowie Gefühle der Ohnmacht und des Ausgeliefertseins. Familien mit Migrationshintergrund bringen im Rahmen einer sozialen Entwurzelung ein erhöhtes Potenzial an Schwierigkeiten mit. In diesen Familien kann es daher vermehrt zu Spannungen oder gar zu Gewalt kommen, und auch mangelnde emotionale Zuwendung und Aufmerksamkeit seitens der Eltern können daraus resultieren, sodass unter Umständen ein aggressives, auffälliges oder auch gewalttätiges Verhalten bei den Kindern – Ihren Schülern – entsteht. Diesen Umständen kann die Schule nicht unmittelbar begegnen, insofern sind auch Lehrer zum Teil hilflos ausgeliefert, da nur begrenzt die Möglichkeit besteht, den Kindern und Jugendlichen, die unter schwierigen psychosozialen Bedingungen leben, in der Schule einen stabilen, festen und zuverlässigen Beziehungsrahmen anbieten zu können. Zu viele Schüler pro Klasse etwa überfordern nicht nur Lehrer, sondern auch einzelne Schüler, die auf Grund schwieriger familiärer Verhältnisse ohnehin nicht genügend wahr-

3 | ÜBUNGEN, METHODEN, STRATEGIEN

genommen werden. Dies gilt genauso für die vom Wohlstand vernachlässigten Kinder aus sehr erfolgs- und leistungsorientierten Elternhäusern. Obgleich diese Kinder mehr Möglichkeiten der finanziellen Kompensation von Unterlegenheitsgefühlen haben, hat die allgemeine Verunsicherung längst auch Gymnasien erreicht. Allgemein gilt: Je höher das Störungspotenzial und die Verunsicherungen der Schüler durch äußere Faktoren sind, desto stärker werden sie reagieren, und zwar in der ihnen jeweils eigenen Art. Mit Hilfe der modernen Medien können bspw. mittels Handys kompromittierende Inhalte aufgezeichnet und veröffentlicht werden, in Chatrooms können sowohl Lehrer als auch Schüler in ihrer Intimsphäre verletzt, gestalkt, bedroht oder gemobbt werden.

Lehrer bewegen sich ständig in diesem Spannungsfeld von geforderten und überforderten Schülern und sind in ihrem Schulalltag daher nicht selten konkreten verbalen sowie auch körperlichen Aggressionen oder gar Gewalt ausgesetzt. Der Umgang mit bedürftigen, frechen, impulsiven, unkonzentrierten oder unmotivierten Kindern gehört ebenso zur Normalität der Lehrerschaft wie freudvolle Erfolgserlebnisse mit und durch lernfreudige, engagierte oder dankbare Schüler. Lehrer sind weit über die Wissensvermittlung hinaus gefordert, durch ihre pädagogische Führung permanent die Persönlichkeitsreifung der ihnen anvertrauten Heranwachsenden zu fördern. Hierbei treffen sie naturgemäß auf Widerstand der Schüler, vor allem im Rahmen der Pubertät. Es gilt, Verhaltensschwierigkeiten unterschiedlichster Art zu erfassen und pädagogisch angemessen zu reagieren – so will nicht nur der Klassenclown, sondern auch der Störenfried, der ewige Nörgler, der Duckmäuser oder der Gehemmte vom Lehrer wahrgenommen werden. Die emotionale Kompetenz des Lehrers ist umso mehr gefordert, wenn die Schule in so genannten „sozialen Brennpunkten" liegt und viele Schüler schwierigen psychosozialen Rahmenbedingungen ausgesetzt sind, wodurch verstärkt Verhaltensauffälligkeiten entstehen. Die Unterrichtsplanung erfordert somit ein hohes Maß an Flexibilität bei gleichzeitig vorgegebener Zielorientierung.

Übungen, Methoden, Strategien

Lehrer sind für viele Schüler nach der Familie die wichtigsten erwachsenen Bezugspersonen. Neben den Herausforderungen und Belastungen, die hieraus erwachsen, bilden sich dadurch ebenso Chancen und Möglichkeiten für Lehrer, dieser Verantwortung in einer Weise nachzukommen, die Gefühle der Befriedigung, Sinnhaftigkeit, Erfüllung und Freude mit sich bringen können. Doch ein respektvoller und zugleich durchsetzungsfähiger Umgang mit Schülern erfordert ein hohes Maß an persönlicher Stärke und natürlicher Autorität, denn Sie sind jeden Tag aufs Neue gefordert, sich zu bewähren.

Im Folgenden erläutern wir daher drei wichtige, grundsätzliche Faustregeln, die mit hoher Wahrscheinlichkeit für einen günstigeren Umgang mit den skizzierten Herausforderungen gut geeignet sind. Im Anschluss zu jeder Regel gibt es jeweils konkrete, dazu passende Übungen.

Faustregel 1: Erziehung durch Beziehung

Als wichtige außerfamiliäre Bezugsperson können Sie als Lehrer zu einer wesentlichen Beziehungserfahrung Ihrer Schüler beitragen, denn die Schule ist für Kinder die erste soziale Gemeinschaft außerhalb ihrer Familie, auf die sie sich einlassen müssen und in der sie daher neue und zum Teil Erlebnishorizont erweiternde Erfahrungen sammeln. Kaum ein Erwachsener erinnert sich nicht an einen Lehrer aus seiner Schulzeit, von dem er Respekt, Akzeptanz, Rücksichtnahme oder ein Gefühl der Zugehörigkeit erfahren hat. Dabei entsteht ein tiefer Kontakt, das Gefühl, gesehen und verstanden zu werden. Diese Erfahrungen der spürbaren Empathie und Wertschätzung sind wichtig und prägend für Schüler. Sie erhöhen die Fähigkeit, entspannt zu lernen und offen zu bleiben, anstatt sich zu verweigern.

Um diese wertvollen Erziehungsziele verfolgen zu können, ist es zunächst wichtig, eine Beziehung zu den Schülern aufzubauen und sich einen Überblick darüber zu verschaffen, welche Persönlichkeiten mit welchen Hintergründen vor einem sitzen. Um in den persönlichen Kontakt zu kommen, ist es wichtig, dass auch die Schüler den Menschen hinter dem Lehrer erkennen, wahrnehmen und spüren können. Lehrer sollten Vorbild sein, auch darin, eigene Befindlichkeiten, Wünsche, Bedürfnisse und Grenzen spürbar werden zu lassen. Hierzu gehört ein gewisses Maß an Selbstoffenbarung und Transparenz. Diese Haltung, sich selbst persönlich mehr zu zeigen, statt sich hinter seiner Rolle oder einer Fassade zu verbergen, erfordert Mut. Schüler honorieren es jedoch, wenn Lehrer sich – in einer erwachsenen und verantwortungsvollen Haltung – wahrhaftig und authentisch zeigen (nicht jedes Gefühl und jeder Gedanke sind im Kontakt mit den Schülern zugelassen oder angemessen).

Wie auch in der Kindererziehung ist daher neben der Autorität eine gewisse Transparenz eigener Vorstellungen und Wünsche wichtig, damit die Schüler Orientierung und auch Konsistenz im pädagogischen Verhalten erkennen können. Erst wenn Schüler und Lehrer wissen, mit wem Sie es zu tun haben, ist der Grundstein für den Aufbau einer Beziehung gelegt. Darauf aufbauend kann die Gestaltung der Beziehung und der Aufbau von Vertrauen gefestigt werden, und es lassen sich klare Verhaltensregeln einführen.

Um mit Ihren Schülern in einen authentischen und wahrhaftigen Kontakt zu kommen, müssen Sie sie zunächst ernst nehmen, wertschätzen und achten. Um als Mensch hinter der Rolle „Lehrer" gesehen zu werden, sollten Sie in der Lage sein, zunächst den Menschen hinter der Hülle „Schüler" zu erkennen.

3 | ÜBUNGEN, METHODEN, STRATEGIEN

Selbstoffenbarung und Transparenz

Überprüfen Sie anhand der folgenden Fragen, wie es um Ihr Beziehungsangebot an Ihre Klasse steht. Wie sehr kennt Ihre Klasse den Menschen hinter der Rolle des Lehrers?

Anleitung: Lesen Sie die einzelnen Aspekte der Selbstoffenbarung durch, und kreuzen Sie in der mittleren Spalte diejenigen an, die Sie Ihren Schülern bereits vermittelt haben. Überlegen Sie anschließend, wie Sie in der kommenden Zeit noch mehr dafür sorgen können, dass Sie, der Mensch, für Ihre Klasse spürbarer werden. Notieren Sie diese Vorhaben in der rechten Spalte.

Selbstoffenbarungen	habe ich bereits vermittelt	Wie kann ich dies wann und auf welche Weise vermitteln?
Wer bin ich, der Mensch hinter der Lehrkraft? (z.B. Vater von zwei Jungen; Fußballtrainer im Jugendverein; Gitarrist in der Band; Hobbykoch)	○	
Was sind die Werte, die mir wichtig sind?	○	
Welche Ziele und Wünsche habe ich für meine Schüler?	○	
Was ist mir im Unterricht wichtig? Worauf lege ich besonderen Wert?	○	
Was sind meine besonderen Stärken/Schwächen?	○	
Worauf reagiere ich empfindlich?	○	
	○	

Faustregel 2: Aufmerksame Fürsorge zeigen

Um seine Arbeit sinngebend und erfüllend zu gestalten, ist ein Beziehungsangebot des Lehrers an die Schüler gefordert, das wiederum ein ehrliches Interesse am Schüler sowie die Fähigkeit zur Empathie voraussetzt – auch gegenüber verhaltensauffälligen Schülern. Dies wiederum setzt die Bereitschaft voraus, sich in die Lebens- und Erlebenswelt des einzelnen Schülers sowie in die Tagesform oder momentane Situation einer Klasse einzufühlen. Hiermit wird die Wahrscheinlichkeit für Machtkämpfe reduziert. Schüler erleben den Lehrer in Kontakt mit der Klasse, sodass hier eine tragfähige Beziehung ansetzen kann. Ein Großteil von Widerständen, Konflikten und Spannungen werden bei Schülern dadurch erzeugt, dass Lehrer ihre Belange nicht aufmerksam und fürsorglich wahrnehmen und dass sie sich nicht hinreichend mit der Situation, den Erlebnissen oder Schwierigkeiten einzelner Schüler oder einer ganzen Klasse beschäftigen. Lehrer, die vermitteln, dass sie Recht haben, weil sie nun mal Lehrer sind, älter und klüger sind, haben bei den Schülern meist schnell verloren. Aus dieser Haltung heraus wächst weder Kontakt noch Vertrauen oder Sympathie. Die Beschäftigung mit den Interessen und Nöten der Schüler wirkt hingegen Wunder in Bezug auf die Beziehung zur Klasse; sie kann eine neue Unterrichtsatmosphäre und -qualität schaffen, die eine Bereicherung für beide Seiten darstellt. Erfahren die Schüler Resonanz, fühlen sie sich verstanden und in ihren Belangen ernstgenommen, so sind sie im Umkehrschluss auch eher bereit, die Anliegen des Lehrers zu verstehen und ernst zu nehmen, ganz nach dem Motto „Wie man in den Wald hineinruft, so schallt es heraus." Stellt ein Lehrer in diesem Sinne Kontakt zu seinen Schülern her, werden diese eher bereit sein, auch Grenzen zu akzeptieren. Solche Grenzen werden dann nicht als autoritär oder willkürlich, sondern eher als Orientierung gebend erlebt. Heutzutage erhalten Schüler in ihrer häuslichen Umgebung immer weniger Grenzen – dem gegenüber steht das Bedürfnis nach Halt, Rahmen und Orientierung. Dieses unbefriedigte Bedürfnis kann ein Lehrer, der im Kontakt mit seiner Klasse ist, leichter erfüllen. Schüler werden unter diesen Umständen Grenzen eher akzeptieren, weil ihnen die Beziehung zum Lehrer wichtig ist und weil er ihnen wohltuende Orientierung gibt.

Diese Art der Aufmerksamkeit und Einfühlung, auch der Blick für schwierige psychosoziale Rahmenbedingungen einzelner Schüler, kann sich äußerst wertvoll auf die eigene Zufriedenheit und Ausgeglichenheit auswirken. Erfahrungsberichte von Lehrern zeigen deutlich, dass sich diese zeitliche Investition für tägliche Aufmerksamkeit und Fürsorge positiv auf die Tagesbilanz auswirkt, und zwar nicht nur in Bezug auf die allgemeine Stimmung, sondern auch auf die Produktivität, den Arbeitseinsatz sowie die Aufnahmefähigkeit und -bereitschaft. Schüler können sich so besser entspannen und konzentrierter arbeiten. Zudem fühlen sie sich mitverantwortlich, sie spüren, dass sie ernst genommen werden und mitbestimmen können.

3 | ÜBUNGEN, METHODEN, STRATEGIEN

Schüler da abholen, wo sie sich befinden

Sobald Sie merken, dass sich ein Schüler auffällig oder gar die ganze Klasse sich störend oder unruhig verhält, halten Sie kurz innerlich inne, und gehen Sie im Geiste die folgenden Fragen durch – oder stellen Sie sie direkt an die Schüler:

* Was läuft gerade? Wie ist die Stimmung?
* Welche Themen und Anliegen haben die Schüler heute?
* Welche Konflikte verbergen sich hinter dem störenden oder auffälligen Verhalten?
* Welche Bedürfnisse liegen in der Luft und sind nicht erfüllt?
* Welche Frustrationen gab es heute zu bewältigen?

Gehen Sie gegebenenfalls auf diese Besonderheiten ein, ganz nach dem Prinzip: „Störungen haben Vorrang." Beginnen Sie z.B. mit einer entspannenden Übung, und lassen Sie den Schülern zunächst etwas Raum, um ihre Anliegen und Belange vorzutragen.

Beruhigungsübungen anbieten

Achtsamkeits- und Entspannungsübungen eignen sich hervorragend, um unruhige und unkonzentrierte Kinder oder Jugendliche wieder fit für den Unterricht zu machen. Nehmen Sie sich daher in unruhigen Situationen die Zeit für eine der folgenden Übungen, denn diese investierte Zeit wird sich sicher auszahlen, indem der Unterricht anschließend ruhiger und konzentrierter verläuft.

Übung für die Grundschule: Die Reise der Zauberfee

Wenn sich einmal partout keine Ruhe in Ihre Grundschulklasse bringen lässt, können Sie Ihren Schülern die folgende Geschichte vorlesen. Lesen Sie langsam und ruhig, und halten Sie zwischendurch immer mal wieder einen Moment inne, damit Ihre Schüler den Anleitungen gut folgen und zur Ruhe kommen können:

„Setzt euch nun einmal bequem auf eure Stühle … ruckelt euch dort zurecht, wo es noch etwas unbequem ist … und schließt am besten die Augen, damit ihr euch noch besser auf diese Übung konzentrieren könnt … Und nun atmet einmal tief ein und aus … Stellt euch vor, wie eine ganz kleine, fröhliche Fee um euch herumfliegt … Könnt ihr sie hören? Das Schlagen ihrer Flügel? Ihr helles Lachen? … Die Fee ist so winzig klein, dass sie von eurem tiefen Atem ganz leicht in euer warmes Nasenloch gesogen wird … Von dort will sie euren Körper erkunden. Zuerst fliegt die kleine Fee hinauf zu eurer Stirn … und dreht dort eine kleine Runde … und nun gelangt sie über den Rachen … und über die Speiseröhre hinunter in die Brust … Auch hier fliegt sie

ganz langsam umher ... und rutscht jetzt weiter runter in euren Magen ... Sie erforscht ganz genau, was dort so alles zu finden ist ... und nun schwingt sie ganz sanft ihren Zauberstab ... und plötzlich wird euer Bauch ganz wohlig warm ... Nun nimmt die kleine Fee den Weg durch euer rechtes Bein ... und gelangt zu eurem rechten Fuß ... bis sie im großen Zeh nicht mehr weiterkommt ... Sie fliegt dann wieder das rechte Bein hoch und nun das linke Bein wieder hinunter ... Sie schaut sich euren linken Fuß und die einzelnen Zehen ganz genau an ... Dann kehrt sie wieder um. Zum Becken ... und dann im Zick-Zack die Wirbelsäule hinauf ... sie hält sich in der rechten Schulter auf ... und saust nun den rechten Arm hinunter, bis in die Fingerspitzen ... Auch hier schwingt sie wieder ihren Zauberstab ... und ... Simsalabim ... Wärme durchströmt eure rechte Hand ... Nun fliegt die Fee den rechten Arm wieder hoch und den linken Arm hinunter, bis in die Hand ... Nachdem sie auch die Finger der linken Hand schön erwärmt hat ... fliegt sie den Arm wieder hoch und bis zum Hals ... Sie findet den Weg zum Ohr, wo sie euren Körper wieder verlässt ... Ihr seid jetzt ganz wohlig warm und schön entspannt ... Ihr könnt nun eure Augen wieder öffnen und euch einmal kräftig rekeln und strecken."

Übung für Schüler ab der 5. Klasse: Kommando Pimperle
Während die Lehrkraft nacheinander Kommandos gibt, bleiben die Schüler auf ihren Stühlen sitzen und führen die Anweisungen dort aus. Es gibt vier verschiedene Kommandos:

* **Kommando Pimperle:** mit beiden Zeigefingern auf den Oberschenkeln trommeln
* **Kommando Bock:** die rechte Hand auf dem rechten Oberschenkel und die linke Hand auf dem linken Oberschenkel mit der Handkante aufstellen
* **Kommando Doppelbock:** beide Hände übereinander auf dem rechten Oberschenkel aufstellen
* **Kommando flach:** beide Hände flach auf die Oberschenkel legen
* **Kommando hoch:** beide Hände neben dem Kopf hoch in die Luft strecken

Die Schüler sollen das jeweilige Kommando allerdings nur dann ausführen, wenn der Lehrer vorher explizit das Wort „Kommando" gesagt hat. Jeder Schüler, der sich bewegt, obwohl der Lehrer das Wort „Kommando" nicht gesagt hat (z.B. nur „Bock!"), scheidet aus.

3 | ÜBUNGEN, METHODEN, STRATEGIEN

Übung für Schüler ab der 8. Klasse: Achtsames Weitergeben
Jeder Schüler nimmt aus seiner Tasche einen kleinen Gegenstand (Schlüssel, Radiergummi, Lippenstift ...). Dann stellen sich alle Schüler in einem großen Kreis auf. Jeder nimmt seinen Gegenstand in die rechte Hand und hält beide Hände parallel vor seinen Körper. Zur Weitergabe werden die ausgestreckten Arme (rechts über links) gekreuzt, sodass jeder seinen Gegenstand in die linke Hand des linken Nachbarn legen kann und gleichzeitig einen neuen Gegenstand in die eigene linke Hand vom rechten Nachbarn bekommt. Die Arme werden anschließend wieder parallel geführt, um nun in dieser Position die Gegenstände erneut weiterzugeben und zu empfangen, d.h. mit der linken Hand wird der Gegenstand in die rechte Hand des linken Nachbarn gelegt, und die rechte Hand bekommt einen Gegenstand von der linken Hand des rechten Nachbarn. Der neue Gegenstand wird dann wieder durch Kreuzen der Arme weitergegeben, so wie im ersten Durchgang. Der Lehrer gibt den Takt an, zuerst langsam, dann soll die Weitergabe mit zunehmender Geschwindig-keit erfolgen, ohne dass irgendwo ein „Stau" entsteht. Die Schüler müssen sich hierfür sowohl auf die eigenen Bewegungen als auch auf die Bewegungen der Gruppe konzentrieren.

Erklären Sie ihnen, dass sie die Abläufe der Übung im Sinne der Regeln der Achtsamkeit nicht bewerten sollen (z.B. sich nicht über die Übung lustig machen, eigene Ungeschicklichkeit nicht abwerten, die Geschwindigkeit oder das Gelingen insgesamt nicht bewerten).

Faustregel 3: Durch Wertschätzung motivieren
Sie haben bereits erfahren, dass ein wahrhaftiger und authentischer Kontakt zu den Schülern die Voraussetzung für eine tragfähige Beziehung darstellt. Aufmerksamkeit für die Belange der Schüler schafft Vertrauen, Fürsorge des Lehrers wird mit Engagement der Schüler belohnt. Welche weiteren Strategien gibt es, die unter allgemein schwierigen Bedingungen gut geeignet sind, den Kontakt zur Klasse, die Stimmung im Unterricht sowie die Motivation und damit das Arbeitsverhalten der Schüler zu verbessern?

Grundsätzlich gibt es ein Wundermittel, das in der Welt der Kinder ebenso wirkungsvoll ist wie in der Welt der Erwachsenen, sowohl im privaten als auch im beruflichen Kontext. Dieses Wundermittel heißt „Wertschätzung" und bedeutet für den Lehrer, seine Schüler grundsätzlich in ihrem Wert und ihrer Würde zu achten. Stellen Sie sich die (Gewissens-)Frage, ob Sie Ihre Schüler immer in dem Maße wertschätzen, wie sie selbst wertgeschätzt werden wollen. Respektieren Sie die Grenzen Ihrer Schüler in dem Maße, wie Sie die Einhaltung Ihrer eigenen Grenzen fordern? Verhalten Sie sich

anerkennend bei löblichem Verhalten Ihrer Schüler? In welcher Weise drücken Sie Wertschätzung gegenüber Ihren Schülern aus?

Auch verhaltensauffällige Schüler zu motivieren statt zu entmutigen, stellt hierbei noch einmal eine besondere Herausforderung dar. Bekanntermaßen ist es pädagogisch zielführender, auf Verhaltensauffälligkeiten frühzeitig zu reagieren, als zu drastischen Maßnahmen zu greifen, wenn die Situation bereits eskaliert. Sie können als Lehrer stets als gutes Vorbild fungieren, ein positives Beispiel abgeben, bspw. bei einem verunsicherten Schüler, der die Berufs- und Erwachsenenwelt als bedrohlich oder gar feindlich wahrnimmt.

Die bekannteste pädagogische Einsicht junger Generationen von Lehrern ist die Tatsache, dass das Belohnen bessere Ergebnisse erzeugt als das Bestrafen. Sie sollten daher einen gezielten Blick für schwierige Schüler dahingehend entwickeln, dass Sie gutes, günstiges oder unauffälliges Verhalten bemerken, wertschätzen und dafür Anerkennung zum Ausdruck bringen. Dies wird Schüler dazu motivieren, mehr von diesem Verhalten zu zeigen, dass auf so positive Weise durch Sie verstärkt wird.

Wertschätzende Kommunikation

Der Beziehungsaufbau und eine wertschätzende Grundhaltung sind die Grundlage für positive Entwicklungen bei Schülern. Vermutlich gibt es derart auffällige Schüler, bei denen Hopfen und Malz verloren zu sein scheint, bei denen kaum noch ein Gegengewicht gegen das Gefühl der kompletten Ablehnung zu spüren ist. Machen Sie sich dennoch klar, dass es nur den Weg des wertschätzenden Umgangs mit diesen Schülern gibt, denn ansonsten laufen Sie Gefahr, dass sich das Verhalten künftig ggf. nur noch verschlimmern wird. Eine Grundregel besagt daher, immer nur das auffällige, störende, nicht zu akzeptierende Verhalten des Schülers kritisieren, niemals den Schüler im Ganzen abwerten oder ablehnen. In der Tabelle auf der nächsten Seite finden Sie zwei Beispiele für wertschätzend formulierte (rechts) und weniger wertschätzend formulierte (links) Kritik. Machen Sie sich den Unterschied bewusst, und seien Sie bei zukünftigen Kritikäußerungen achtsam!

3 | ÜBUNGEN, METHODEN, STRATEGIEN

Kritik an der Persönlichkeit eines Schülers	Kritik am Verhalten eines Schülers
„Marie, wie rennst du eigentlich rum? Dir scheint es ja Spaß zu machen, wie Du dich gibst und redest und die Jungs anzumachen versuchst. Du wirkst wie ein Flittchen, könntest auch an der Straßenecke lauern. Du hast selbst schuld, wenn du belästigt wirst und alle eine schlechte Meinung von dir haben."	„Marie, ist dir bewusst, welche Wirkung deine ordinären Worte haben und wie sich dies auf die Meinung der Jungen über dich auswirkt? Du bist doch erst zwölf Jahre alt, deine Kleidung wirkt sehr provokant und aufreizend. Möchtest du das? Wie denken denn deine Eltern darüber? Ich fange an, mir Sorgen um dich zu machen."
„Manuel, du nervst unentwegt mit deinen Spielchen. Permanent drängst du dich auf und willst Aufmerksamkeit. Du gehst mir derart auf die Nerven, ich wäre froh, wenn ich dich nicht mehr ertragen müsste. Du bist hier fehl am Platz!"	„Manuel, ich kann mir nicht vorstellen, dass dir dein eigenes Verhalten gefällt oder dass du dich wohl damit fühlst. Du hast doch ohnehin schon so viel Ärger. Was ist los? Warum bist du so wütend? Lass uns nach der Stunde in Ruhe darüber sprechen, ja? Es geht jedenfalls nicht, dass du ständig Sachen in der Gegend rumschmeißt. Und deine Schimpfwörter gefallen mir auch nicht, unterlass das bitte, das ist nicht zu akzeptieren."
→ Bei solchen Kommentaren wird sich der Mensch hinter der Hülle „Schüler" stark abgewertet fühlen und den Kontakt vermutlich innerlich abbrechen. Er wird nicht mehr offen für eine Rückmeldung sein, sich eher verweigern und mit Misstrauen reagieren. Er wird vermutlich weder Einsichtigkeit, Reue noch Selbstkritik aus seinem Verhalten lernen, sondern sich eher schlecht oder missverstanden fühlen. Eine positive Entwicklung ist so nicht zu erwarten.	→ Da nur das konkrete Verhalten kritisiert oder verurteilt wird, anstatt dass der Schüler in seiner ganzen Person abgewertet wird, besteht die Chance, dass der Schüler Einsicht zeigt, dass er Gefühle der Reue oder der Scham entwickelt und sein Verhalten vielleicht in Zukunft überdenkt, es wiedergutmachen will oder sogar die Bereitschaft entwickelt, es grundsätzlich zu ändern.

Denken Sie daran: Bei allem pädagogischen Engagement, ehrbaren Verantwortungs- und Verpflichtungsgefühl den Schutzbefohlenen gegenüber sollte nicht vergessen werden, dass die Handlungsmöglichkeiten im Rahmen des Schulalltages des Pädagogen auf Grund eingeengter Freiräume und vorgegebener Strukturen begrenzt sind. Eine gesunde Balance zwischen Idealismus und Engagement einerseits sowie Pragmatismus, Realismus und Selbstfürsorge andererseits ist daher unumgänglich, um auch langfristig mit Freude und Zufriedenheit den Lehrerberuf ausüben zu können. Machen Sie sich daher immer wieder klar, dass Sie nicht das ersetzen, ausgleichen oder kompensieren können, was im Elternhaus versäumt wurde. Ihre Einflussmöglichkeiten sind begrenzt, Sie sollten Ihre Ziele und Erwartungen an sich selbst sowie an Ihre Schüler daher den realistischen Bedingungen anpassen.

Stress mit Eltern reduzieren

Worum geht's?
Mit Eltern verhält es sich für Lehrkräfte ähnlich wie mit Schülern. Die Elternarbeit sowie Elternabende sind ein notwendiger und selbstverständlicher Bestandteil des Lehrerberufes, insofern kann hieraus sowohl Freude und Zufriedenheit als auch Belastung oder Frustration erwachsen. Daher möchten wir Ihnen in diesem Kapitel hilfreiches Handwerkszeug vermitteln, mit dem Sie künftig klarer, zielorientierter und souveräner im Umgang mit Eltern agieren können.

Wissenswertes
Der Lehrerberuf hat in vielerlei Hinsicht kaum Grenzen, so kann der Umfang auf der Suche nach den pädagogisch wertvollsten Arbeitsmaterialien oder den besten Arbeitsmethoden schier unerschöpflich und endlos werden. Auch das Maß des Engagements bezüglich der Intensität der Klassenleitung, die Mitwirkung an unterschiedlichen Arbeitskreisen der Schule oder der Umfang des Kontaktes zu Schülern sind individuell sehr unterschiedlich und sollten wohl bedacht werden.

Ein besonderes Augenmerk verdient das Engagement bezüglich der Elternarbeit – Gespräche mit Eltern sowie die Gestaltung von Elternabenden sind einerseits ein wichtiger und selbstverständlicher Bestandteil des Lehrerberufes, andererseits gehören eben jene Elternkontakte zu den bedeutenden Stressoren von Lehrern. Zwar gibt es Gesprächs-

3 | ÜBUNGEN, METHODEN, STRATEGIEN

leitfäden, an denen sich die Lehrer, insbesondere im Hinblick auf eine Zielvereinbarung, orientieren können, doch die entscheidenden Parameter für eine gelingende Kommunikation spielen sich im zwischenmenschlichen Bereich ab. Zudem gibt es Eltern, die trotz des Bemühens um Respekt, Akzeptanz, Freundlichkeit und Wertschätzung auf Grund emotionaler oder intellektueller Umstände, ihrer Persönlichkeit oder ihres Temperamentes fordernd, wütend, abwertend oder beleidigend bleiben. Es gibt Eltern, die dadurch unerreichbar für Sie bleiben werden, doch auch mit diesen Eltern muss ein Umgang möglich sein und darf von einer Lehrkraft erwartet werden.

Um die Eltern und ihr Verhalten besser verstehen zu können, muss bedacht werden, dass alle Eltern selbst einmal Schüler waren und diese Erinnerungen und Erfahrungen im Kontakt mitbringen – dies muss nicht immer positiv oder förderlich sein. Eltern wünschen sich für ihre Kinder eine gute Schulausbildung, oftmals sind hiermit große Erwartungen oder gar Hoffnungen für das berufliche Gelingen des Kindes verknüpft. Gleichzeitig besteht auf Grund der Schulpflicht eine gewisse Abhängigkeit von der Schule, und Eltern fühlen sich dabei oftmals hilflos und den Umständen ausgeliefert. Elterngespräche finden außerdem nicht etwa an einem neutralen Ort, sondern immer im Refugium des Lehrers statt, sodass hierdurch bereits ein Ungleichgewicht der Gesprächssituation gegeben ist.

Übungen, Methoden, Strategien
Die folgenden drei Faustregeln gilt es im Umgang mit Eltern besonders zu berücksichtigen. Damit Ihnen dies leichter fällt, finden Sie jeweils auch praktische Übungen und hilfreiche Tipps dazu.

Faustregel 1: Angemessene Grenzen gegenüber Eltern setzen und wahren
Damit Sie sich an der Elternarbeit nicht aufreiben, sollten Sie den Eltern gegenüber von Anfang an klar vermitteln, in welchem Maße Sie zur Verfügung stehen, und für beide Seiten verbindliche Grenzen klären, die von allen Beteiligten respektiert werden sollen.

Elternbrief
Nehmen Sie sich etwas Zeit, und machen Sie sich anhand der unten stehenden Kriterien Gedanken darüber, wie, in welchem Umfang und auf welche Weise Sie Ihre Elternarbeit bisher angegangen sind und was Sie zukünftig beibehalten oder ggf. verändern möchten. Werden Sie sich darüber bewusst, welche persönlichen Grenzen Sie gegenüber den Eltern Ihrer Schüler setzen und wahren möchten.

Verfassen Sie anschließend ein Schreiben an alle Eltern, in dem Sie freundlich und informativ all jene Aspekte aufführen, die für die Einhaltung Ihrer persönlichen Grenzen im Zusammenhang mit der Elternarbeit relevant sind. Geben Sie den Brief Ihren Schülern mit nach Hause, oder verteilen Sie die Briefe beim nächsten Elternabend.

* Welche Informationen sind für Eltern wichtig?
  In welcher Form möchte ich sie vermitteln?

* Welche Art von persönlichem Gespräch ist aus meiner Sicht sinnvoll und notwendig?

* Möchte ich bei Elternstammtischen auf Anfrage dabei sein?

* Möchte ich, dass meine Schüler bzw. die Eltern meine private Handynummer haben?

* Wie sollen Eltern mit mir in Kontakt treten
  (Handynummer, Festnetzanschluss, E-Mail ...)?

* Welchen zeitlichen Rahmen möchte ich für Anrufe unter der Woche festlegen?

* Möchte ich am Wochenende Anrufe erhalten? Falls ja, in welchem Zeitrahmen?

* Wie möchte ich mit Notfällen umgehen?

* Möchte ich die häuslichen Umfelder meiner Schüler kennenlernen?

* Möchte ich, dass meine Schüler/Eltern mein Zuhause kennen?
  Möchte ich Sie hierzu einladen?

* Möchte ich, dass meine Schüler bzw. die Eltern meinen Lebenspartner
  oder meine Kinder kennenlernen?

* Möchte ich Geburtstagseinladungen oder sonstigen Feierlichkeiten folgen,
  zu denen ich eingeladen werde?

Faustregel 2: Elternkommunikation bewusst und wohlwollend führen
Um als Lehrer freudvoll und erfolgreich seiner Tätigkeit nachgehen zu können, ist ein souveräner Umgang mit Problembewältigung unerlässlich. Ein hohes Maß an Bewusstheit mit dem eigenen Kontaktverhalten und eigenen Empfindlichkeiten ist daher ebenso wichtig wie das Erlernen und Einüben professionellen Kommunikationsverhaltens mittels spezieller Kommunikationstechniken. In unserem Kapitel „Grundlagen des Stressmanagements" (S. 94 ff.) haben Sie bereits konkrete Kommunikationsregeln kennengelernt. Diese Kommunikationsgrundlagen können Ihnen in gleichem Maße

3 | ÜBUNGEN, METHODEN, STRATEGIEN

bei schwierigen Elterngesprächen helfen sowie dabei, Informationen konstruktiv und unmissverständlich zu vermitteln. Klärungen können auf wertschätzende und transparente Weise herbeigeführt werden.

Ebenso wichtig wie das Einhalten dieser Regeln ist jedoch die Einstellung, die Sie den Eltern gegenüber haben und auch signalisieren, selbst wenn Ihnen dies nicht bewusst sein sollte. Selbst wenn Sie das pädagogische Agieren von Eltern missbilligen, so sollten Sie Ihnen gegenüber dennoch ein gesundes Maß an Respekt und Wertschätzung entgegenbringen. Eltern spüren, ob man sie ernst nimmt oder abwertet, und dieses Gefühl ist in einer Gesprächssituation von maßgeblicher Entscheidung für den Verlauf. Eltern, die sich missbilligend, abwertend, kritisch oder geringschätzig behandelt fühlen, werden sich unwohl fühlen, und je nach Temperament kann dies zu Gesprächsblockaden, offenen Widerständen oder gar feindseligem Verhalten führen. Versetzen Sie sich daher immer in die Situation der Eltern, und gehen Sie erst mal davon aus, dass diese das Beste für ihr Kind wollen und das in die Erziehung und Förderung ihrer Kinder einbringen, was sie zu geben und zu leisten vermögen.

Den meisten Eltern ist es unangenehm, wenn Sie zu Elterngesprächen gebeten werden und auf die Verhaltensauffälligkeiten, die mangelhafte Arbeitsweise oder die bedenklichen Leistungen ihrer Kinder angesprochen werden, weil sie in Rechtfertigungszwang oder Erklärungsnot geraten. Diese Gefühle von Scham, schlechtem Gewissen, Schuld oder Hilflosigkeit werden von den Eltern in der Regel nicht eingeräumt, oftmals sogar verborgen und hinter einer Fassade getarnt. Stattdessen wird vielleicht versucht, den Lehrer oder die schulischen Umstände verantwortlich zu machen, um sich nicht unzulänglich zu fühlen. Diese Ausgangssituation sollten Lehrer sich vergegenwärtigen, ebenso wie die überlegene Position, in der sie sich den Eltern gegenüber befinden. Wenn es auf feinfühlige Weise gelingt, all diese Aspekte zu berücksichtigen und den Eltern vorurteilsfrei und offen zu begegnen, so ist der Grundstein für einen wahrhaftigen Kontakt und für Vertrauen gegeben. Vor diesem Hintergrund sind Gespräche mit Eltern mit hoher Wahrscheinlichkeit sehr viel konstruktiver zu führen, als wenn diese sich angegriffen oder beschämt fühlen und sich scheinbar verteidigen, erklären oder rechtfertigen müssen. Beenden Sie ein kritisches Elterngespräch, sobald Sie merken, dass sich ein Konflikt in der aktuellen Situation nicht auflösen lässt („Ich habe das Gefühl, dass wir an diesem Punkt im Moment nicht weiterkommen. Um einen Konsens zu erreichen, schlage ich vor, dass wir unser Gespräch heute zunächst beenden und die bisherigen Argumente und Sichtweisen noch einmal reflektieren. Wenn es dann noch Gesprächsbedarf gibt, können Sie sich gerne bei mir melden, um einen neuen Termin zu vereinbaren."). Achten Sie auf sich, wenn Sie erleben, dass Feindseligkeiten oder Aggressionen gegen Sie persönlich gerichtet sind, Sie sich angegriffen oder gar bedroht fühlen. Damit es gar nicht erst so weit kommt, begegnen Sie Eltern auf

Augenhöhe, und vermitteln Sie in einem respektvollen, akzeptierenden und wertschätzenden Umgang, dass den Schwierigkeiten der Kinder gemeinsam in Zusammenarbeit und Kooperation begegnet werden sollte und kann. Auch den Kindern gibt es Orientierung und Stabilität, wenn sie spüren, dass ihre Eltern und ihre Lehrer sich gemeinsam für ihr Wohl einsetzen. Auf diese Weise verbessern sich nachweislich sowohl das Verhalten als auch die Leistungen von Schülern.

Elterngespräche wohlwollend einleiten

Bedenken Sie, dass auch Eltern ggf. mit einer gewissen Anspannung durch Sorgen, Nöte, Ängste, Verunsicherung, Enttäuschung, Wut o.Ä. in das Gespräch starten. Versuchen Sie also, die allgemeine Anspannung durch eine gute Atmosphäre gleich zu Beginn des Kontaktes etwas zu senken. Im Folgenden finden Sie einige Anregungen dazu – setzen Sie sie am besten gleich in Ihrem nächsten Gespräch um:

* Sorgen Sie für einen **ruhigen Gesprächsort,** und nehmen Sie sich Zeit, um eine gute Atmosphäre zu schaffen.

* Begrüßen Sie die Eltern **freundlich und offen** („Ich freue mich, dass wir heute die Gelegenheit haben ...").

* Signalisieren Sie, dass Sie sich **hinreichend Zeit** nehmen werden und dass Sie das Anliegen der Eltern ernst nehmen („Ich habe mir bereits viele Gedanken im Vorfeld gemacht und bringe heute ausreichend Zeit mit, um gemeinsam mit Ihnen ...").

* Bieten Sie am besten **eine Tasse Tee oder Wasser** an – dies ist ein wohlwollendes Signal, das den Eltern vermittelt, dass sie willkommen sind.

* Fragen Sie zu Beginn des Gespräches, welche **Bedenken und Wünsche** für das zu besprechende Thema gegeben sind. („Lassen Sie mich doch bitte wissen, ob Sie Befürchtungen oder Bedenken bezüglich unseres Gespräches haben, damit ich weiß, in welcher Lage Sie sich gerade befinden und was es zu berücksichtigen gibt. Und dann würde es mich sehr interessieren, was hier und heute passieren müsste, damit Sie nachher nach Hause gehen und froh sind, dass wir miteinander gesprochen haben ...").

* Interessieren Sie sich für die Meinung und Argumente der Eltern, **hören Sie aufmerksam zu.**

* Schildern Sie **zunächst immer auch etwas Positives,** Erfreuliches oder Förderliches über das Kind, bevor Sie zu den problematischen Verhaltensweisen kommen.

3 | ÜBUNGEN, METHODEN, STRATEGIEN

 **Checkliste für gelungene Elternkommunikation**

Anleitung: Kopieren Sie diese Checkliste, und nehmen Sie sie nach Ihren nächsten drei Elterngesprächen zur Hand. Kreuzen Sie zunächst an, welche der genannten Strategien Sie bereits angewendet haben, und prüfen Sie sodann, welche weiteren Strategien Sie in diesem Gespräch zudem hätten anwenden können?

Strategie	habe ich angewendet	hätte ich anwenden können/sollen
Ich habe gänzlich auf Übergeneralisierungen verzichtet („nie", „immer").	○	○
Ich habe mein Verständnis für die Eltern/Schüler zum Ausdruck gebracht.	○	○
Statt Vorwürfe zu machen, habe ich von eigenen Wünschen/Sorgen gesprochen.	○	○
Ich habe vom „WIR" geredet („Wie können WIR es schaffen, dass …?").	○	○
Ich habe etwas Positives über das Kind berichtet.	○	○
Ich war gelassen, bin offen für Kritik geblieben und frage mich, ob die Eltern mit mancher Kritik vielleicht Recht hatten und ich von dieser Rückmeldung lernen könnte.	○	○
Ich bin nicht auf Machtkämpfe eingestiegen, bin souverän geblieben und nehme stattdessen vielmehr die Angst hinter der Aggression wahr.	○	○
Ich habe ein Elterngespräch vor einer Eskalation frühzeitig beendet.	○	○
Ich habe den Eltern etwas zu trinken angeboten.	○	○

Faustregel 3: Erziehung ist Elternsache

Eine gesunde Abgrenzung gegenüber Anforderungen und Erwartungen von Eltern ist nicht nur legitim, sondern geradezu notwendig. Hierzu sollten Sie sowohl eine feste innere Haltung entwickeln, die Ihnen eine angemessene Kooperation mit den Eltern ermöglicht, als auch einen klaren und souveränen Umgang – auch mit schwierigen Eltern, die Sie bspw. für das Versagen oder Unvermögen ihres Kindes verantwortlich machen. Vergegenwärtigen Sie sich stets, dass Eltern einen großen Teil der Erziehungsverant-

wortung tragen, ganz gleich ob sie in Ihren Augen vernachlässigend, unsicher, überfordert oder unzumutbar für die Kinder erscheinen. Die Last der Erziehungsverantwortung sollte nicht bei der Lehrkraft liegen, denn Erziehung ist Elternsache. Ein überhöhtes Verantwortungsgefühl des Lehrers kann sogar einen sehr ungünstigen Effekt haben, da die Eltern hierdurch ansonsten entlastet werden und sich ein Gefälle zwischen Eltern und Lehrer einstellt. Dies kann Eltern kränken, schwächen oder ärgerlich machen, sodass kaum eine souveräne Haltung oder verantwortliche Einsicht in notwendige Erziehungshaltungen oder Verhaltensveränderungen gegeben sein wird.

Lehrer fühlen sich oft ohnmächtig und hilflos, wenn sich trotz großen Bemühens und Einbezug aller möglichen professionellen Ressourcen kein Erfolg oder keine Verhaltensänderung bei einem Schüler einstellt. Es ist wichtig, dies nicht als persönliches Scheitern zu interpretieren, sondern als eine Grenze Ihres Einflussbereiches, an der Sie nun angekommen sind und auch ankommen dürfen. Trotz aller beeinträchtigender Umstände, unter denen ein Schüler ggf. zu leiden hat, so liegt es letztlich doch auch in seiner Verantwortung, das Angebot, das Sie ihm unterbreiten, anzunehmen oder eben nicht. Die Verantwortung für den Lebensweg eines Schülers liegt sicher nicht beim Lehrer, auch wenn dieser unter Umständen viel bewegen und bewirken kann. Vielleicht ist in diesen Fällen auch der Gedanke hilfreich, dass es viele Menschen gibt, die trotz unglücklicher Schullaufbahn zu einem späteren Zeitpunkt in ihrem Leben Disziplin und Zielorientierung annehmen konnten und es auf einem anderen Weg zu Erfolg und Stabilität geschafft haben. Falls Sie feststellen, dass Sie diesbezüglich nicht gut von Ihren Erwartungen ablassen können und hierdurch belastet sind, ist es empfehlenswert, sich an die diversen Helfersysteme zu wenden, die Lehrern für diese Fälle in Form von unterstützenden Institutionen, Supervisionen und Beratungsstellen zur Verfügung stehen. Erkundigen Sie sich bei Ihren Kollegen oder Ihrer Schulleitung über entsprechende Angebote und Möglichkeiten, anstatt sich unnötig aufzuopfern und Energie zu verlieren.

Innerschulische Helfersysteme:

* die Klasse
* das Kollegium als Supervision/ kollegiale Fallberatung
* unterstützende Schulleiter
* Schulpsychologen
* Angehörige der Schüler

Außerschulische Helfersysteme:

* Schulpsychologischer Dienst
* Beratungsstellen
* Kinder- und Jugendtherapeuten oder Jugendpsychiatrie
* Jugendamt
* Polizei

3 | ÜBUNGEN, METHODEN, STRATEGIEN

> Denken Sie daran: Eltern wollen das Beste für ihre Kinder, und Sie wollen das Beste für Ihre Schüler. Dies ist der gemeinsame Nenner zwischen Ihnen und den Eltern, schlagen Sie also diese Brücke in der Kommunikation.

Stress durch das Kollegium reduzieren

Worum geht's?
Probleme mit Kollegen sind unter Lehrern eher seltener als bspw. Schwierigkeiten mit der Schulleitung. Das liegt zum einen daran, dass Lehrer in der Regel recht autark sind, ihren Unterricht selbst vorbereiten und gestalten und nur wenig von den Kollegen abhängig sind. Obwohl es auch im Lehrerkollegium zu starken Konflikten und zu Mobbing kommen kann, ist das Potenzial für Konflikte und Auseinandersetzungen vergleichsweise gering, sodass dieser Aspekt Umfragen zufolge nicht zu den maßgeblichen Stressoren des Lehrerberufes gehört.

Wissenswertes
Zu einem erfolgreichen Stressmanagement gehört es neben der Reduzierung und dem Abbau der Stressoren auch, seine eigenen Ressourcen zu aktivieren und zu nutzen. In diesem Zusammenhang bildet das Lehrerkollegium eine sehr tragfähige, unterstützende Ressource, um durch Solidarität, Gemeinschaftssinn und kollektives Auftreten, eigene Interessen zu vertreten und zu wahren. Kollegen können wertvolle Gesprächspartner sein, sodass durch den Austausch von Erfahrungen und Erlebnissen Neues gelernt werden oder Ungünstiges vermieden werden kann. Die Rückmeldung von Kollegen kann zudem hilfreich dabei sein, sein Selbstbild, seine eigenen Stärken und Schwächen sowie sein Kontaktverhalten zu überprüfen und zu beleuchten. Auch die geteilte Vorbereitung für gemeinsame oder überschneidende Projekte, Fächer oder Arbeitsgruppen kann entlastend, unterstützend und ökonomisch sein. Unterrichtsangebote können gemeinsam geplant und entsprechende Materialen erarbeitet werden.

Insgesamt erhöht eine gemeinsame und teamorientierte Arbeitsauffassung die allgemeine Arbeitszufriedenheit und stärkt das kollektive Bewusstsein und das damit einhergehende Gefühl der mentalen Unterstützung. Insofern sollte das Kollegium als eine Quelle der Kraft und des Schutzes gesehen und entsprechend gefördert und genutzt werden.

Übungen, Methoden, Strategien

Netzwerk für lehrerspezifische Schwierigkeiten aufbauen

Anleitung: Gehen Sie die folgende Liste der Stressoren, die Lehrer laut Umfragen am ehesten belasten, durch, und überlegen Sie sich, welchen Ihrer Kollegen Sie im jeweiligen Fall am besten aufsuchen und um Rat fragen können. Tragen Sie ihn in der rechten Spalte ein. Sie können natürlich auch weitere typische Schwierigkeiten, die für Sie als Stressor wirken, mit dem passenden Ansprechpartner hinzufügen. Legen Sie diese Netzwerkliste gut ab, und scheuen Sie sich nicht, den entsprechenden Kollegen bei Bedarf um Unterstützung oder Gehör zu bitten. Bieten auch Sie Ihren Kollegen explizit ein offenes Ohr in schwierigen Situationen an – somit sind Sie Vorbild für Ihre Kollegen und können dazu beitragen, dass ein kollegiales und unterstützendes Klima verbessert und genutzt wird.

Stressoren	Unterstützender Kollege
Selbstwertschädigung oder Bedrohung durch Schülerverhalten	
Unzureichende Wertschätzung der eigenen Leistung	
Konflikte und Unzufriedenheit mit der Schulleitung	
Frustration durch eingeschränkten Entscheidungs- oder Handlungsspielraum	
Gefühl der Überforderung durch Anhäufung von Anforderungen	
Gefühl der Erschöpfung	
Unzufriedenheit mit dem Arbeitsklima an der Schule	
Rechtfertigungspflicht für getroffene Entscheidungen	
Angst vor Versagen	
Bevorstehender Elternabend/bevorstehendes Elterngespräch mit kritischen Eltern	
Probleme im Umgang mit einem schwierigen Schüler	
Schwierigkeiten bei der Beschaffung von Arbeitsmaterial	

3 | ÜBUNGEN, METHODEN, STRATEGIEN

Imaginärer Mentor

Schließen Sie für einen Moment die Augen, und überlegen Sie sich in Ruhe, welche Vorbilder Sie im Laufe Ihrer eigenen Lehrerlaufbahn hatten. An wem haben Sie sich gern orientiert? Wer hat Sie beeindruckt, berührt oder positiv beeinflusst? Von wem konnten Sie in besonderer Weise lernen? Wer hat Sie inspiriert? Wer hat Ihr Potenzial geweckt? Wen haben Sie als besonders feinfühlig, kompetent, menschlich, fachkundig oder in anderer Weise als vorbildlich erlebt?

Tauchen Sie tief in diese Erinnerung ein, und vergegenwärtigen Sie sich die für Sie prägenden Situationen so differenziert wie möglich, indem Sie sich mit folgenden Fragen beschäftigen:

* Wie alt war ich damals/in welchem Kontext habe ich diese Person erlebt?

* Wo war ich damals? An welcher (Ausbildungs-)Schule? Wo und wie sind wir uns begegnet oder nahegekommen? War es ein Kollege oder ein Ausbilder?

* Was gab es Besonderes? Was genau hat mich beeindruckt, geprägt oder inspiriert?

* Woran erinnere ich mich von meinem Mentor? Wie sah er aus, wie war seine Stimme, sein Gang, seine Gestik, Mimik, Sprache und Körperhaltung?

* Was war das Besondere an ihm? Womit hat er mich erreicht und berührt?

* Was hat mich gut fühlen lassen? Wie genau hat er das erreicht?

Nehmen Sie sich nun einen Moment Zeit, und schreiben Sie sich auf, was Sie Besonderes von Ihrem Mentor gelernt und erfahren haben. Überlegen Sie, was Sie davon bereits in Ihrer eigenen Rolle als Lehrer umsetzen und was Ihnen bisher noch nicht so recht gelungen ist.

Nehmen Sie sich von nun an ein Beispiel an Ihrem Mentor, und wann immer Sie unsicher, ratlos oder verzweifelt sind oder nicht wissen, wie sie sich am besten verhalten sollen, dann schließen Sie Ihre Augen und gehen mit Ihrer Aufmerksamkeit und Konzentration zurück zu der Zeit, in der Sie sich an Ihrem Mentor orientiert oder in der Sie sich von ihm unterstützt gefühlt haben.

Überlegen Sie sich, was er jetzt in Ihrer Situation tun würde. Wie würde er sich verhalten? Was würde er sagen oder tun? Verinnerlichen Sie Ihren Mentor, und tun Sie es ihm gleich. Sie haben seine gütige oder förderliche Haltung sich selbst gegenüber in sich aufgenommen, nun können Sie sie auch weitergeben.

Denken Sie daran: Jedem Ihrer Kollegen geht es ähnlich wie Ihnen selbst – jeder hat unerfüllte Bedürfnisse und auch belastende Stressoren. Versuchen Sie, zu einer Solidarität beizutragen, indem Sie sich zusammen mit Ihren Kollegen als Interessengemeinschaft verstehen, die sich gegenseitig unterstützen kann.

Zeitmanagement: Viele Termine, keine Pause

Worum geht's?

Wenn Lehrer von Stress reden, dann meinen sie oft, dass sie „noch sooo viel" zu erledigen haben, unter Zeitdruck stehen, Termindruck haben oder Korrekturen erledigen müssen – wie der berühmte Hamster in seinem Rad. So laufen und laufen wir unaufhörlich, dennoch dreht sich das Leben oftmals nur noch schneller statt langsamer. Doch mit einigen kleinen Tricks und Tipps lassen sich leicht entlastende Effekte schaffen, sodass Sie etwas mehr Kontrolle über Ihren Terminkalender und Ihre ToDo-Listen gewinnen können.

Wissenswertes

Berichte von an Burnout leidenden Lehrern aus der Praxis zeigen, dass die Erschöpfung oftmals nicht nur den großen bekannten Stressoren, wie bspw. dem ungünstigen Führungsstil der Schulleitung oder dem eingeschränkten Entscheidungs- und Handlungsspielraum, geschuldet ist. Häufig entsteht ein „Sich-getrieben-Fühlen" auch dadurch, dass gleichzeitig eine Vielzahl von kleinen Alltagsaufgaben zu bewältigen sind, für die die Zeit nicht gefunden wird.

Der hieraus resultierende Zeitdruck gilt nachweislich als ein wesentlicher Stressor, der berufsgruppenübergreifend als stark belastend erlebt wird. Zeitdruck löst unmittelbar negative Gefühle aus, die Betroffenen fühlen sich gehetzt und zunehmend auch gereizt. In der Folge können bspw. beeinträchtigende Gefühle der Frustration, der Unzulänglichkeit, der Angst oder auch der Hilflosigkeit entstehen.

Neben dem unmittelbaren Zeitdruck gilt auch die unerledigte ToDo-Liste als so genannter Energiefresser, der unsere allgemeine Anspannung erhöht. Bestimmt haben auch Sie eine Reihe unerledigter Dinge, die Sie eigentlich schon lange hätten erledigen wollen, aber irgendwie nie so richtig dazu kommen. Diese unerledigten Aufgaben stellen zwar, jede für sich genommen, jeweils keinen großen Stressor dar, dennoch ergibt

3 | ÜBUNGEN, METHODEN, STRATEGIEN

sich aus der Summe dieser unerledigten Aufgaben eine Last. Oft fühlen wir uns gestresst, ohne mit Sicherheit zu erkennen, was uns gerade stresst oder warum uns etwas stresst. Akute Stressoren (z.B. bis morgen die Klassenarbeit korrigieren müssen oder heftiger Streit und Rivalität zwischen Geschwistern) sind zumeist gut identifizierbar, während jedoch kleinere unerledigte Aufgaben und wiederkehrende Pflichten zwar oft nicht als belastend oder Energie raubend wahrgenommen werden, jedoch maßgeblich zur Anspannung beitragen.

Diese unerledigten Aufgaben rauben viel Energie, sodass es im Gesamtleben zu einem Gefühl der Überforderung kommen kann. Die Summe all dessen erscheint den Betroffenen irgendwann nicht mehr bewältigbar, sodass der Eindruck entsteht, „nicht mal mehr die einfachsten Dinge auf die Reihe zu kriegen". Diese Erkenntnis ist häufig der Beginn des Gefühls der Unzulänglichkeit, aus dem sich dann zunehmend ein Zustand der Frustration, Lähmung oder Verzweiflung entwickeln kann. Doch schon mit einfachen Mitteln, die wir Ihnen im folgenden Abschnitt vorstellen, können sie dies vermeiden.

Übungen, Methoden, Strategien

 **1. Behalten Sie den Überblick**

* Auch wenn es banal klingt: Schreiben Sie Ihre zu erledigenden Aufgaben auf: führen Sie eine **ToDo-Liste!** Streichen Sie Erledigtes durch – das motiviert und lässt Erfolgserlebnisse erkennen. Vermerken Sie auch geplante oder erforderliche Fertigstellungstermine und priorisieren Sie Ihre Aufgaben. Was ist Pflicht? Was ist Kür? Was muss schnell, d.h. dringend, erledigt werden, was dagegen hat Zeit? Welche Aufgaben sind wichtig? Diese sind zuerst zu erledigen. → siehe unten stehende Übung

* Wenn Ihnen eine bevorstehende Aufgabe zu groß, zu schwer, zu unübersichtlich, zu zeitaufwändig oder insgesamt zu überfordernd erscheint, dann setzen Sie sich **Etappenziele,** die Sie getrennt auf der ToDo-Liste vermerken. Teilen Sie die Aufgabe in viele kleine Einzelaufgaben auf.

* Um einen guten Überblick bewahren zu können, erweist sich ein Mindestmaß an **Ordnung am Arbeitsplatz** als sehr günstig: Schaffen Sie Platz zum Arbeiten, sortieren Sie regelmäßig Ihre Unterlagen, und sorgen Sie dafür, dass benötigte Arbeitsmaterialien immer vorrätig sind.

2. Sortieren Sie aus

* **Delegieren:** Oft zeigt sich bei genauerer Betrachtung der alltäglichen Aufgaben, dass eine Delegation von Aufgaben beruflich wie auch privat durchaus möglich ist. Dennoch zögern viele Menschen, diese eher einfache Lösung zu nutzen. Überprüfen Sie daher, ob Sie wirklich alle Aufgaben selbst erledigen müssen oder ob Delegieren möglich ist. → siehe unten stehende Übung

* **Ignorieren:** Viele Dinge erledigen sich von allein, wenn man nur etwas Zeit verstreichen lässt. Beschäftigen Sie sich also erst einmal eine Weile nicht mit denjenigen Aufgaben, deren Erledigung ohnehin erst langfristig wichtig ist.

3. Die richtige Arbeitsweise finden

* Wählen Sie anhand der **Priorisierung** die richtige Reihenfolge der Abarbeitung. Ganz klar: Wichtige Dinge, die zudem dringlich sind, werden zuerst erledigt. Achten Sie darauf, nicht alles auf den letzten Drücker zu machen, bauen Sie sich immer etwas Zeitpuffer ein, denn Zeitdruck führt zu enormer Anspannung.

Weitere Tipps bei der Auswahl der Reihenfolge:

* Wechseln Sie Aufgaben, die Ihnen mehr und weniger Spaß machen, regelmäßig ab.

* Erledigen Sie zuerst die Pflicht und später Aufgaben oder Aufgabenteile, die nicht zwingend gemacht werden müssen.

* Erledigen Sie – wenn nichts Dringendes anliegt – zuerst die Aufgaben, die schnell abzuarbeiten sind, das motiviert!

* Kennen Sie das **Pareto-Prinzip** (die „80-zu-20-Regel")? Sie besagt, dass die letzten 20 % einer Aufgabe ca. 80 % der Gesamtzeit beanspruchen. Schreiben Sie bspw. einen Text, so steht die Rohfassung meist relativ schnell, der Feinschliff, das Korrigieren, Überarbeiten und Formatieren hingegen schlägt mächtig auf das Zeitkonto. Oftmals genügen 80 % einer Aufgabe, um die Mindestanforderungen erreicht zu haben. Wenn Sie es dabei belassen können, sparen Sie auf diese Weise 80 % Ihrer Zeit ein! Überprüfen Sie also, wann 80 % Ihrer Aufgabe erledigt ist, meist ist das Ergebnis gut genug.

* Zu einer guten Arbeitsweise gehört auch der richtige Arbeitsrhythmus. Versuchen Sie, regelmäßige Arbeitszeiten mit festen Ritualen und regelmäßigen Pausen einzurichten. Wir haben im Folgenden eine Liste mit kurzen Regenerationseinheiten zusammengestellt, die Sie auch während Ihres Schulalltages nutzen können:

3 | ÜBUNGEN, METHODEN, STRATEGIEN

- genussvoll einen Tee trinken
- einen Spaziergang auf dem Schulgelände machen
- Kurzentspannung (Literaturtipp: Zielasko, H.: Kurzentspannung für jeden Tag, München: Compact 2008)
- eine Entspannungsübung zusammen mit der Klasse machen
- ein beruhigendes Lied hören
- mit Kollegen zusammen lachen
- eine kurze Atemübung machen
- eine kurze Dehnübung machen

Meine persönliche ToDo-Liste

STOLPERSTEIN Ihnen fehlt die Motivation, mit dem Abarbeiten anzufangen? Sie haben keine Lust? Vergegenwärtigen Sie sich die Situation einer wahren Begebenheit, eines 74-jährigen Mannes, der im Winter in den Bergen den Absturz seines Flugzeuges überlebt hat und ohne Nahrung und angemessene Kleidung mehrere 100 Kilometer zurücklegen musste. Auf die Frage des Reporters, wie er diese immense Leistung vollbringen konnte, antwortete er: „Indem ich einen Fuß vor den anderen gesetzt habe, Schritt für Schritt ..."

Nehmen Sie sich die Zeit, und ermitteln Sie Ihre persönliche ToDo-Liste für unerledigte private und berufliche Aufgaben. Berücksichtigen Sie insbesondere auch die kleinen Dinge, und ergründen Sie, was Ihnen bei der Erledigung der jeweiligen Aufgabe im Wege steht.

Lassen Sie sich von der folgenden Liste anregen, um all Ihre unerledigten ToDos zu ermitteln:

* Dinge sortieren/aufräumen/reinigen (z.B. Post ordnen, den Keller aufräumen und Müll entsorgen, Arbeitsmaterialien sortieren)

* Dinge besorgen (z.B. neue Glühbirnen, Bücher, Küchenutensilien, Kleidung oder Arbeitsmaterial)

* Dinge recherchieren (z.B. Fachfragen, Informationen zu anstehenden Urlaubsreisen, neue Arbeitsmaterialien zum Thema X)

* Telefonate (z.B. Elterngespräche, Verwandtschaft, Amtsauskünfte, Arzttermine vereinbaren)

* um Finanzen kümmern (z.B. Überweisungen tätigen, Kündigungen schreiben, Steuererklärung vorbereiten)
* Handwerkliches (z.B. Fahrrad flicken, Schrank montieren)

Listen Sie zunächst all Ihre unerledigten Aufgaben systematisch auf. Größere Aufgaben, die Ihnen übermächtig erscheinen, können Sie auch in Etappenziele aufgliedern. Bestimmen Sie dann jeweils ...

... einen festen Zeitpunkt, an dem Sie die Aufgabe erledigt haben wollen. Wenn es kein von außen festgelegtes Datum zur Erledigung gibt, setzen Sie sich selbst einen Termin.

... eine Priorität (z.B. „hoch", „mittel", „gering")

... den Grad des zeitlichen Aufwands (z.B. „1" = „mal schnell zwischendurch zu erledigen", „2" = „mehrere Stunden einplanen" und „3" = „einen ganzen Tag oder mehr Zeit einplanen")

Beispiel:

ToDos	Deadline	Priorität	Aufwand
neuen Personalausweis beantragen	1.6.2013	1	2
Kleiderschrank aufräumen	1.8.2013	3	2
Küche streichen	1.11.2013	2	3

Delegieren lernen

Es muss nicht alles an Ihnen hängen bleiben! Stellen Sie sich vor, Sie hätten eine vorübergehende Erkrankung, die eine zeitaufwändige Behandlung notwendig macht. Sie sind zwar nach wie vor dazu befähigt, Ihren Beruf auszuüben, dennoch müssen Sie sich alle zwei Tage für mehrere Stunden vertreten lassen. Für einen Zeitraum von drei Monaten wird sich diese Situation nicht verändern, sodass Sie einen Teil Ihrer Arbeit zeitweilig an Ihre Kollegen delegieren müssen. Auch die Aufgaben, die im Haushalt anfallen, müssen neu zwischen Ihnen und Ihrem Partner, ggf. auch den Kindern, aufgeteilt werden.

Wenn es wirklich sein muss und unumgänglich ist, würden Sie sicherlich Aufgaben finden, die Sie delegieren können – denn Arbeit abzugeben, ist öfter möglich, als es zuerst den Anschein hat. Bei vielen Menschen zeigt sich jedoch ein gewisser Widerstand,

3 | ÜBUNGEN, METHODEN, STRATEGIEN

Aufgaben zu delegieren. Betrachten Sie daher zunächst die folgenden Gründe, die Sie womöglich davon abhalten, durch Delegieren mehr Freiraum für sich selbst zu schaffen:

* die Einstellung, die Dinge selbst am besten zu erledigen
* die Annahme, es selbst schneller erledigt als erklärt zu haben
* die Erwartung an sich selbst, alles zu können bzw. können zu müssen
* finanzielle Argumente, da eine Dienstleistung bzw. eine Delegation Kosten verursachen oder eine zusätzliche Arbeitskraft benötigen kann
* die Befürchtung, anderen mit der Übertragung der Aufgabe zur Last zu fallen
* die mangelnde Risikobereitschaft, falls bei der Delegation Fehler unterlaufen, für die man dann verantwortlich gemacht werden kann

Stellen Sie eine detaillierte Liste aller privaten und beruflichen Aufgaben auf, bei denen Ihnen eine Delegation grundsätzlich möglich und realistisch erscheint. Beachten Sie dabei die oben erstellte ToDo-Liste sowie andere wiederkehrende Pflichten aus den Bereichen Familie, Haushalt und Beruf. Versuchen Sie, so reflektiert und selbstkritisch wie möglich die Gründe für Delegationswiderstände zu erfassen, und erarbeiten Sie dann Lösungen im Sinne konkreter Maßnahmen für jede zu erledigende Aufgabe.

Aufgabe/ Pflicht	Was mich vom Delegieren abhält	Argumente für eine Delegation?	An wen? Wann? Weitere konkrete Maßnahmen (Übergabe, Erklärungen etc.)

Mein Zeitkonto

Wenn wir in einen Strudel aus Arbeit und Verpflichtungen hineingezogen werden, passiert es schnell, dass wir all diejenigen Dinge vernachlässigen, die ansonsten unser Leben lebenswert machen. Sich dessen gewahr zu werden, ist der erste Schritt zur Veränderung dieses ungünstigen Umstandes. Vergegenwärtigen Sie sich deshalb, wie viel Zeit Sie für Ihre jeweiligen Lebensbereiche derzeit „investieren". Teilen Sie hierzu den folgenden Kreis wie in einem Kreisdiagramm in Segmente, deren Größe die entsprechend relative Zeit abbildet, die Sie für den jeweiligen Lebensbereich aufwenden. Teilen Sie folgende Lebensbereiche ein:

1. Arbeit
2. Haushalt
3. Partnerschaft
4. Kinder (falls Sie Kinder haben)
5. sonstige Familie
6. Freunde
7. Freizeit (Hobbys, Kino/Theater, Musik, Sport, Wellness etc.)
8. sonstige Verpflichtungen, wie freiwillige Vereinsarbeit o.Ä.

Ist-Zeitkonto

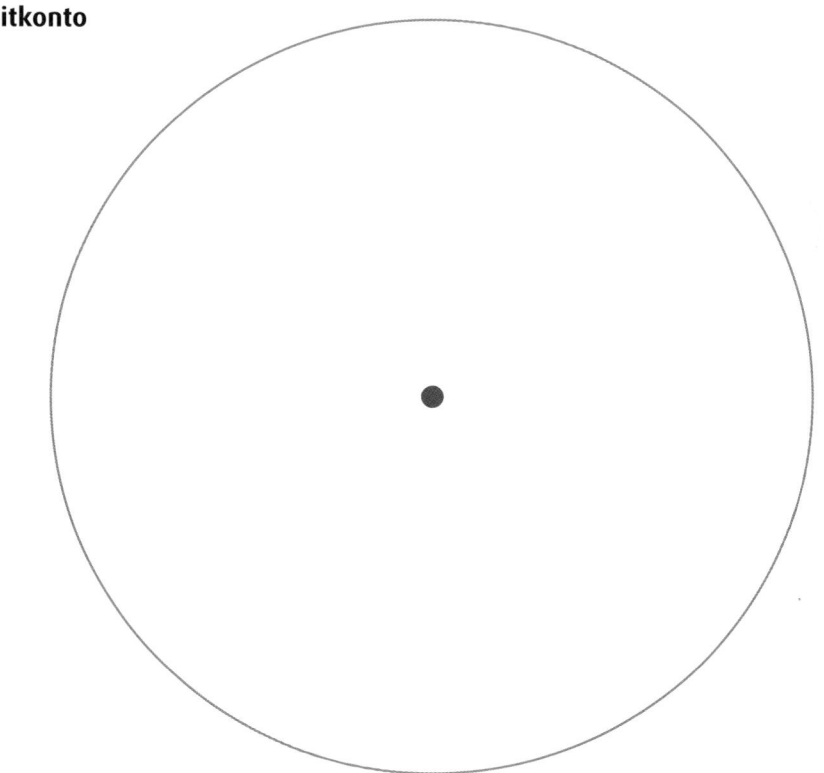

... vorbeugen, erkennen, bewältigen

3 | ÜBUNGEN, METHODEN, STRATEGIEN

Setzen Sie sich nun kritisch mit Ihrer momentanen Zeiteinteilung auseinander, und teilen Sie anschließend im folgenden Wunsch-Zeitkonto ein, wie Sie sich die Größe der einzelnen Segmente eigentlich wünschen würden. Wie viel Zeit würden Sie am liebsten wofür aufwenden? Wo würden Sie gerne Abstriche machen, um für einen anderen Bereich mehr Zeit zu haben?

Wunsch-Zeitkonto

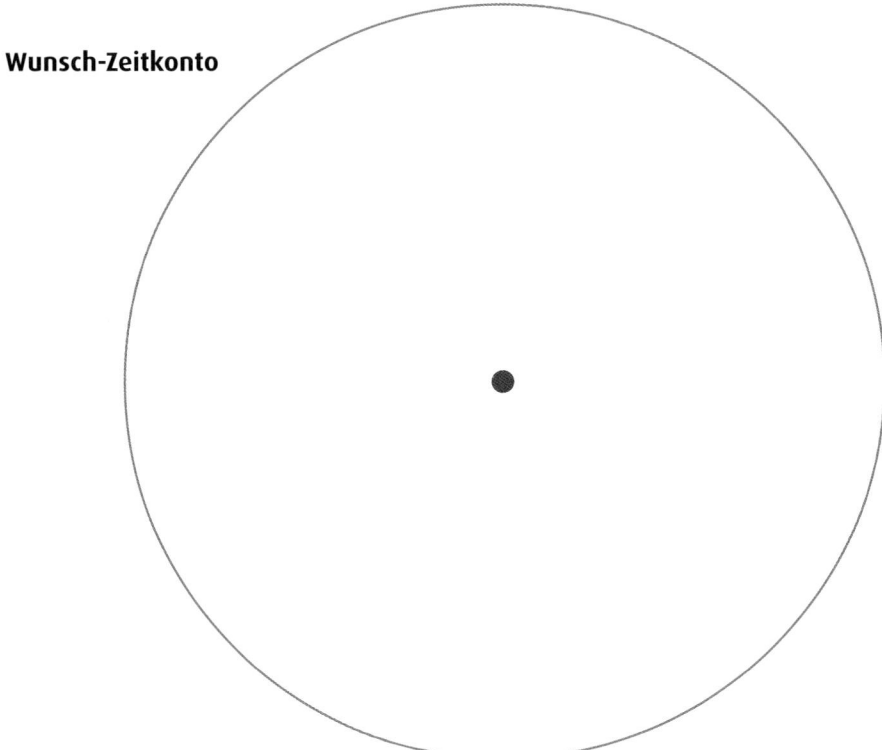

Leiten Sie aus dieser Aufstellung Konsequenzen ab: Was wollen Sie nun konkret tun, damit Sie sich Ihrem Wunschzeitkonto nähern?

Denken Sie daran: Die Energie, die es verbraucht, unerledigte Aufgaben liegen zu lassen, ist oftmals größer als der Energieaufwand, der aufgebracht werden muss, um diese abzuarbeiten. Denken Sie daher an den Überlebenden des Flugzeugabsturzes: einen Fuß vor den anderen setzen, Schritt für Schritt. So können Sie sowohl große, komplexe als auch eine Vielzahl kleiner, unerledigter Aufgaben effizient und konsequent abarbeiten.

Der Umgang mit zwei Arbeitsplätzen

Worum geht's?
Was für die einen ein Segen ist, ist für die anderen ein Fluch. Einen großen Teil seiner beruflichen Tätigkeit sozusagen im Homeoffice arbeiten zu können, hat viele Vorteile, etwa die flexible Zeiteinteilung oder die Freiheit, seinen Arbeitsplatz nach eigenem Geschmack einrichten zu können. Viele Lehrer klagen jedoch auch über die vielfältigen Nachteile, die diese häusliche Arbeitsstätte mit sich bringt.

Wissenswertes
Um zeiteffizient arbeiten zu können, bequem Unterrichtsmaterialien sortieren und Inhalte vorbereiten zu können, ist es wichtig, dass der häusliche Arbeitsplatz auch funktional und der Raum abgeschlossen ist, sodass er sich deutlich vom übrigen Wohnraum abgrenzen lässt. So können Sie sich in Ruhe zurückziehen, und es wird für andere ersichtlich, wann Sie arbeiten und ungestört bleiben wollen. Der Arbeitsplatz sollte über eine moderne Büro-Organisation verfügen. So sollte er groß genug sein und ausreichend Arbeitsfläche haben. Zudem sollte hinreichend systematischer Stauraum in Form von Schubladen und Regalen vorhanden sein. Da viele Lehrer über lange Wartezeiten an Fax- oder Kopiergeräten klagen, ist erwägenswert, ob es sich lohnt und darüber hinaus Stress und Zeitaufwand reduziert, wenn Sie entsprechende technische Geräte anschaffen und damit autark und unabhängig sind.

Die Ordnung ist ein weit verbreitetes Thema unter Lehrern, insbesondere da nach wie vor die meisten Arbeitsmaterialien papierbasiert sind, viel Platz wegnehmen und abgeheftet werden müssen, sodass es schnell zu unübersichtlicher Unordnung kommen kann. Es geht in der Folge viel Zeit dadurch verloren, dass sich Material nicht schnell finden lässt, weil es nicht sorgfältig oder genau genug abgeheftet wurde, oder dadurch, dass es kein systematisches Ablagesystem gibt o. Ä. Vor diesem Hintergrund ist zu überlegen, ob eine moderne funktionelle Bürotechnik besser geeignet ist, um bspw. Arbeitsmaterial digital zu verwalten und zu versenden. Dies wiederum hängt natürlich auch von der (technischen) Ausstattung Ihrer Schule ab.

Übungen, Methoden und Strategien
Neben der Organisation moderner Bürotechnik und der funktionellen Gestaltung Ihres Arbeitsplatzes bzw. Ihrer zwei Arbeitsplätze ist ebenso eine strukturierte Arbeitsorganisation wichtig.

Zunächst sollten Sie sich Ihrer persönlichen Arbeitsweise bewusst sein, denn jeder Lehrer hat seine ganz eigenen Vorlieben oder auch Erschwernisse. Finden Sie daher erst einmal heraus, für welche Arbeiten Sie dringend Ruhe und Konzentration benötigen und welche Aufgaben sich durchaus im allgemeinen Treiben des Schulumfeldes unkom-

3 | ÜBUNGEN, METHODEN, STRATEGIEN

pliziert erledigen lassen, sodass Sie Freistunden optimal nutzen können. Zudem sollten Sie Ihr benötigtes Arbeitsmaterial dahingehend prüfen, ob sich die doppelte Anschaffung lohnt, sodass Sie sowohl zu Hause als auch in der Schule darauf zurückgreifen können. Überdenken Sie zudem, welche Arbeitsflächen Ihnen wo zur Verfügung stehen und welches Ordnungssystem sich jeweils am besten eignet.

Im Folgenden stellen wir Ihnen eine Checkliste für Ihre Arbeitsplatzorganisation zu Hause dar, da die Arbeits- und Ablageflächen in der Schule in der Regel sehr begrenzt sind.

Checkliste zur Arbeitsplatzorganisation zu Hause
Sehen Sie sich die folgende Checkliste für eine günstige Gestaltung und Organisation eines häuslichen Arbeitsplatzes an, und kreuzen Sie an, welche der Anregungen Sie bereits umsetzen und welche Sie zukünftig verbessern wollen:

	habe/ mache ich schon	möchte ich zukünftig verbessern/ umsetzen
genug Ablagefläche, hinreichend Schubladen, Regale und Register	○	○
große Arbeitsfläche, die das Ausbreiten und Sortieren erlaubt	○	○
funktionelle Ausstattung des Arbeitsplatzes	○	○
Gestaltung des Arbeitsplatzes nach eigener Ästhetik und zum Wohlfühlen	○	○
ein effizientes Ordnungssystem anlegen	○	○
ein extra Ablegefach oder eine Fläche, die für all diejenigen Materialien zur Verfügung steht, die regelmäßig hin und her transportiert werden müssen, weil Sie sie auch in der Schule brauchen	○	○
Vereinbarung einer festen Aufräumzeit mit sich selbst (regelmäßig, z.B. immer samstags)	○	○
Abtrennung von privaten Bereichen (z.B. durch ein Regal/ Raumteiler oder als eigenes Arbeitszimmer)	○	○
Tür verschließen können, um in Ruhe und ohne Ablenkung arbeiten zu können	○	○

Angehörige um Ungestörtheit bitten	○	○
Handy auf stumm schalten und keine Anrufe in der Arbeitszeit entgegennehmen	○	○
eigenen Kopierer anschaffen, um nicht auf Schulkopierer angewiesen zu sein	○	○
mit ToDo-Listen arbeiten (siehe Kapitel 3, S. 128 f.) und Erledigtes durchstreichen	○	○
sich jeden Tag einige Minuten Zeit nehmen, um den nächsten Tag zu planen, und sich notieren, welche Aufgaben zu erledigen sind	○	○
bereits am Abend die für den kommenden Tag benötigten Unterlagen bereitlegen	○	○
Rituale schaffen, die den Beginn der Arbeitszeit bzw. den Beginn der Freizeit deutlich signalisieren (z.B. rituellen Tee trinken, Atemübungen machen, Kleidung wechseln, duschen, Zeitung lesen)	○	○
regelmäßig ausmisten: Trennen Sie sich von Material, das Sie schon seit Jahren nicht mehr verwendet haben und das Sie mit großer Wahrscheinlichkeit nicht mehr benötigen werden	○	○
einmal in der Woche alles aussortieren und abheften, was sich angesammelt hat und ungeordnet herumliegt – denken Sie daran: Aufräumen und Ablegen ist in dem Moment lästig, doch ein gesuchtes Dokument sofort zu finden, verschafft Erleichterung und spart wertvolle Zeit!	○	○

Denken Sie daran: Mehrere Arbeitsplätze zu haben, stellt besondere Anforderungen an Sie. Je besser und durchdachter Sie Ihre Arbeitsplätze an Ihre Arbeitsweise anpassen, sie optimal gestalten und organisieren, desto mehr Zeit und Energie können Sie sparen.

3 | ÜBUNGEN, METHODEN, STRATEGIEN

Keine Kritik ist Lob genug – Der Wert vom Selbstwert

Worum geht's?
Unser Selbstwertgefühl ist eng verknüpft mit unserem Selbstvertrauen und unserer Selbstakzeptanz, sodass es sich auf unser Fühlen, Denken und Handeln im Alltag auswirkt. Zudem beeinflusst es, ob wir uns bestimmte Herausforderungen zutrauen bzw. ob wir sie bewältigen werden. Insofern ist es von großer Bedeutung, in welcher Weise Ihre Anstrengungen, Leistungen und Haltungen im Lehrerberuf gewürdigt und anerkannt werden. Die Ausgangslage dafür ist jedoch schwierig: Umfragen zufolge leiden Lehrer unter mangelnder Anerkennung für Ihren Beruf und Ihre Leistungen, während sie seitens der Schüler, der Eltern, der Kollegen und oftmals sogar seitens der Schulleitung viel Kritik oder Widerstand erfahren. Diejenigen Dinge, die im Zusammenhang mit der ausgeübten Lehrertätigkeit durchaus gut, förderlich und positiv verlaufen, werden als gegeben oder selbstverständlich hingenommen. Wenn jedoch einmal etwas nicht rund läuft, geraten Lehrer von allen Seiten unter Beschuss.

Wissenswertes
Unser Selbstwertgefühl setzt sich aus allen Zuschreibungen, Bewertungen und Urteilen zusammen, die wir zu unserer Person und Persönlichkeit im Laufe der Zeit erhalten haben. Dies geschieht bereits in unserer Kindheit und ist natürlich auch abhängig von den Inhalten sowie der Art und Weise der Zuschreibungen, die wir von unseren Bezugspersonen und unserer Umwelt vermittelt bekommen haben. Wenn wir in unserer Kindheit bestimmte Zuschreibungen immer wieder erfahren haben, so neigen wir dazu, diese unkritisch anzunehmen und daran zu glauben. Insofern können diese Zuschreibungen unser Vertrauen in uns selbst sowie unsere Selbstakzeptanz sowohl stärken als auch schwächen. Unser Selbstwertgefühl kann jedoch nicht nur durch Rückmeldungen anderer Personen verstärkt oder geschwächt werden – unsere Selbstzuschreibungen spielen ebenfalls eine wesentliche Rolle. Hieraus kann eine Problematik erwachsen, denn wir selbst sind in der Regel unsere größten Kritiker. Während wir uns und unser Handeln beobachten und bewerten, vergleichen wir uns bspw. mit früherem Verhalten und werten unser derzeitiges Tun dementsprechend auf oder ab. Oder wir vergleichen uns, unser Verhalten und unsere Handlungsergebnisse mit anderen Personen und schätzen ab, ob wir vergleichsweise klüger, attraktiver, erfolgreicher, angesehener, beliebter oder gebildeter sind.
Es gilt als wissenschaftlich belegt, dass Menschen das Grundbedürfnis zur eigenen Selbstwerterhöhung haben und unbewusst aber konstant das Verhalten danach ausrichten, persönliche Ziele zu erreichen. Gelingt es nicht, dieses Grundbedürfnis ausreichend zu stillen, so entsteht ein Gefühl der Minderwertigkeit. Dies hat eine schädigende Wirkung, denn es beeinträchtigt unser Leben und beeinflusst unsere Lebensgestaltung in ungünstiger Weise.

Unser Selbstwertgefühl setzt sich aus verschiedenen Aspekten zusammen:

* **Selbstakzeptanz:** Die Selbstakzeptanz ist sozusagen das Bild, das wir von uns selbst haben, und sagt etwas darüber aus, welche Einstellung wir zu unserer eigenen Person und Persönlichkeit haben. Dabei kann es sein, dass wir z.B. ein positives Bild von uns selbst als Elternteil und Partner haben, jedoch weniger Selbstakzeptanz in Bezug auf unsere Rolle als erfolgreiche Lehrkraft haben. Oder es kann sein, dass wir uns selbst in Hinblick auf die Rolle als unterstützenden Kollegen akzeptieren, nicht jedoch in Bezug auf unseren sozialen Status.

* **Selbstvertrauen:** Das Maß unseres Selbstvertrauens sagt etwas darüber aus, wie wir unsere subjektiven Fähigkeiten, Fertigkeiten, Eigenschaften, Leistungen und physischen Kräfte einschätzen. In Abhängigkeit davon sind wir mehr oder weniger mutig, bestimmte Herausforderungen anzunehmen, uns Aufgaben zuzutrauen und diese entsprechend mehr oder weniger gut zu meistern. Ein gutes Selbstvertrauen bedeutet, die eigenen Stärken zu erkennen, zu würdigen und zu nutzen, denn wir haben die Überzeugung, durch unseren eigenen Einsatz wirksam zu werden und eigene Kompetenzen erfolgreich einbringen zu können.

* **Soziale Kompetenz:** Unser Selbstwertgefühl wird ebenfalls von unserer Kontakt- und Empathiefähigkeit beeinflusst. Unsere Konfliktfähigkeit, bspw. in sozial schwierigen Situationen mit Kollegen, sowie ein angemessener Umgang mit Nähe und Distanz zu unseren Schülern bestimmt darüber, ob bzw. in welcher Weise wir kollegial integriert oder von einer Klassengemeinschaft akzeptiert werden. Gute soziale Kompetenz im Lehrerberuf zeichnet sich unter anderem dadurch aus, dass wir wahrhaftigen Kontakt zu unseren Schülern herstellen und Distanz zu schwierigen Eltern überwinden können. Andererseits ist auch die Fähigkeit einer angemessenen Abgrenzung gegenüber fordernden Eltern, die uns bspw. nicht wohl gesonnen sind oder uns nicht gut tun, ein Zeichen von sozialer Kompetenz.

Das Selbstwertgefühl entwickelt sich bereits im Kindesalter. Wird das Bedürfnis nach einem erhöhten Selbstwert durch Erfahrungen und Erlebnisse in frühen Lebensphasen nicht ausreichend befriedigt, entsteht ein Minderwertigkeitsgefühl. Dieses Gefühl kann im Alltag durchaus bewusst erlebt werden und sich dadurch verunsichernd, belastend oder auch schwächend auswirken. Viel häufiger ist uns Menschen dieses Gefühl im Sinne des Selbstwertschutzes jedoch nicht präsent. So haben viele soziale Konflikte ihre Ursache darin, dass sich Menschen (teilweise unbewusst) in ihrem Selbstwertgefühl gekränkt fühlen und dieses durch ihr Handeln, Agieren und Argumentieren wieder herzustellen versuchen.

3 | ÜBUNGEN, METHODEN, STRATEGIEN

Konstante Zuschreibungen unserer Bezugspersonen in der Kindheit prägen sich tief in unser Bewusstsein als auch Unterbewusstsein ein und wirken sich ein Leben lang entsprechend aus. All diese erfahrenen Bewertungen und Zuschreibungen, ganz gleich, ob es sich um unser Leistungsvermögen, unsere physische Attraktivität, Eigenschaften oder Begabungen handelt, beeinflussen tagtäglich unser Denken, Fühlen und Handeln. Hieraus können sich komplexe Wechselzusammenhänge ergeben, wie Sie an folgendem Beispiel sehen können.

Beispiel:

* **Situation:** Die Mutter einer Schülerin sagt Ihnen: „Ich habe nicht das Gefühl, dass meine Tochter in Ihrem Unterricht gut aufgehoben ist. Früher war sie viel besser in Mathe!"

* **Gedanke:** „Wieso gelingt es mir nicht, den Stoff besser zu vermitteln? Meine Kollegen können das doch auch!" – Ursache dieses Gedankens ist die frühere Erfahrung: Meine eigene Mutter hat früher in der Schule meine Leistungen immer mit meinen Mitschülern verglichen; so schien sie oft bei einer Zwei nicht zufrieden mit mir zu sein, woraufhin ich ein schlechtes Gewissen hatte.)

* **Gefühl:** Minderwertigkeit, Unzulänglichkeit, Scham
  → Reaktion 1 (unsicher): „Ja, es stimmt, ihre Leistungen sind tatsächlich gesunken. Ich bin ganz ratlos, was ich da noch tun kann."
  → Reaktion 2 (verteidigend, rechtfertigend und wütend mit lauter Stimme): „Es liegt ja wohl kaum an mir, wenn sich die Leistungen Ihrer Tochter im Unterricht verschlechtern!"
  → Reaktion 3 (angemessen, souverän): „Ich habe auch schon mit Sorge bemerkt, dass ihre Leistungen gesunken sind. Sind Ihnen denn an Ihrer Tochter zu Hause auch Veränderungen aufgefallen?"

Im Falle der wütenden Reaktion haben Sie sich und damit die Bedrohung Ihres Selbstwertgefühls verteidigt. Das weitere Verhalten der Mutter wird nun kaum mehr lösungsorientiert oder gar anerkennend sein, vermutlich eher vorwurfsvoll, enttäuscht oder gar eskalierend. Sie werden sich (und Ihren Selbstwert) folglich noch angegriffener und bedrohter fühlen, vielleicht entstehen sogar tiefere Selbstzweifel oder Selbstvorwürfe, indem Sie sich fragen, was Sie falsch machen, da Sie immer wieder mit Eltern, Schülern oder Kollegen in Konflikte geraten. Oder Sie hinterfragen sich selbstkritisch, woran es liegen könnte, dass Sie viel Kritik und vergleichsweise weniger Anerkennung erfahren.

Minderwertigkeitsgefühle werden auf vielfältige Weise und in unterschiedlichen beruflichen Situationen oder im Alltag ausgelöst. Gefühle der Wertlosigkeit können sich als Folge starker, anhaltender Belastungen oder häufiger Misserfolge entwickeln. Viele Menschen reagieren auf derartige Anforderungssituationen mit Schuldgefühlen, Gefühlen der Unzulänglichkeit, der Ohnmacht oder gar der Resignation. Der Glaube an sich selbst und die eigenen Ressourcen, Bewältigungskompetenzen, Potenziale und Handlungsmöglichkeiten können abnehmen, wenn Sie bspw. massiven oder unveränderbaren arbeitsbezogenen Stressoren ausgesetzt sind.

Um derartige Prozesse zu verhindern und seinen eigenen Selbstwert zu schützen, ist es im Sinne der Selbstfürsorge daher wichtig, gut und fair zu sich selbst zu sein – erkennen Sie Ihre eigenen Leistungen hinreichend an, und loben Sie sich selbst, wenn es sonst niemand tut!

Übungen, Methoden, Strategien

Im Folgenden stellen wir einige Übungen vor, mit deren Hilfe Sie sich selbst bestärken und somit ggf. einen Teufelskreis aus Minderwertigkeit und Selbstzweifeln unterbrechen können. Verändern Sie negative Gedanken, und ersetzen Sie Selbstzweifel. Erkennen Sie Ihre Stärken, entwickeln Sie einen selbstfürsorglichen, selbstbestärkenden und fairen Blick auf sich selbst, und üben Sie sich in Selbstlob und eigener Anerkennung.

STOLPERSTEIN Sie meinen, dass Selbstkritik angemessen ist und dass Sie nur auf diese Weise vorankommen? Wie würde es sich wohl auswirken, wenn Sie im Unterricht immer nur das aufzeigen würden, was Ihren Schülern misslingt? Eigene Fähigkeiten und Fertigkeiten anzuerkennen, ist wichtig und notwendig, um Entwicklungspotenziale zu erkennen und zu nutzen. Seien Sie fair zu sich selbst, und schenken Sie Ihren eigenen Potenzialen, Kompetenzen und Stärken ebenso viel Beachtung, wie Sie es bei anderen selbstverständlich tun. Denn nur mit Selbstvertrauen lassen sich herausfordernde Ziele erreichen!

3 | ÜBUNGEN, METHODEN, STRATEGIEN

Meine Stärken erkennen

Haben Sie sich in letzter Zeit einmal darauf besonnen, welche Stärken Sie haben? Oder haben Sie nur noch selbstkritisch wahrgenommen, was Ihnen nicht so gut gelingt? Lernen Sie sich mit folgender Übung selbst besser kennen!

Anleitung: Schätzen Sie sich im Hinblick auf die aufgeführten positiven Eigenschaften zunächst selbst ein. Beurteilen Sie jede Eigenschaft auf einer Skala von 1–10 (1 = überhaupt nicht ausgeprägt; 10 = sehr stark ausgeprägt), und notieren Sie Ihre Einschätzung in der rechten Spalte. Knicken Sie diese Spalte dann um, und geben Sie die Liste einem befreundeten Kollegen oder Ihrem Partner, sodass dieser Ihre Eintragungen nicht sieht. Bitten Sie Ihn, für Sie die mittlere Spalte auszufüllen, und lassen Sie sich von seiner Fremdeinschätzung überraschen!

Eigenschaften	So sieht mich mein Partner/Freund/Kollege	So sehe ich mich selbst
Hilfsbereitschaft		
Humor		
Intelligenz		
Ehrlichkeit		
Bescheidenheit		
Gerechtigkeitssinn		
Loyalität		
Herzlichkeit		
Offenheit für Neues		
Durchsetzungsvermögen		
Organisationstalent		
Einsatzbereitschaft		
Belastbarkeit		
Zuhören können		
Konfliktfähigkeit		
Ausgeglichenheit		
Geduld		
Kreativität		

Einfühlungsvermögen		
Rücksichtnahme/Altruismus		
Begeisterungsfähigkeit		
Optimismus		
Neugier		
Fleiß		

Der faire Blick auf sich selbst

Oft gehen wir mit uns selbst am härtesten ins Gericht. Eigenschaften und Eigenheiten, über die wir bei anderen höchstens schmunzeln, werfen wir uns selbst immer vor. Die folgende Übung soll Ihnen zeigen, ob Sie sich mit einem fairen Blick beurteilen.

Anleitung: Schreiben Sie in folgender Tabelle mindestens fünf Eigenschaften auf, die Sie bei sich als negativ bewerten, die Sie als Ihre Schwäche wahrnehmen und über die Sie sich ärgern. Beurteilen Sie diese Eigenschaften nun dahingehend, wie ausgeprägt diese bei Ihnen sind (1 = überhaupt nicht ausgeprägt, 10 = sehr stark ausgeprägt). Überlegen Sie anschließend: Wenn jemand anderes diese Eigenschaften besitzt, ist er mir dann unsympathisch? Beurteilen Sie jede Ihrer negativen Eigenschaften dahingehend, wie unsympathisch Sie diese bei anderen finden (1 = überhaupt nicht unsympathisch, 10 = absolut unsympathisch).

Ihre negativen Eigenschaften	Wie stark ausgeprägt?	Wie wichtig bei anderen?
z.B. Ungeduld	6	2

Auswertung: Vergleichen Sie die Bewertungen in der mittleren und der rechten Spalte. Wie beurteilen Sie andere, die Ihre Schwächen haben? Sind Sie fair zu sich selbst oder vielleicht doch zu selbstkritisch?

Eigene Stärken wertschätzen

Nehmen Sie sich ein paar Minuten Zeit, und notieren Sie zu jedem der folgenden neun Bereiche Ihre Stärken, Fähigkeiten und Vorzüge.

3 | ÜBUNGEN, METHODEN, STRATEGIEN

Umgang mit Schülern: _____
_____
_____

Umgang mit Partner, Familie und Freunden: _____
_____
_____

Persönlichkeitsmerkmale: _____
_____
_____

Positive Zuschreibungen von Schülern, Eltern und Kollegen: _____
_____
_____

Aktuelle Erfolge in der Schultätigkeit: _____
_____
_____

Alltagsbewältigung (Haushalt, Familie): _____
_____
_____

Talent, besondere Begabung als Lehrer: _____
_____
_____

Nehmen Sie diese Liste regelmäßig zur Hand, damit Sie sich Ihrer eigenen Stärken und Fähigkeiten immer bewusster werden, insbesondere in Momenten, in denen Sie unsicher sind oder Zweifel haben.

Moments of Excellence

Denken Sie an eine frühere Situation, in der Sie einen Konflikt in der Schule mit einem schwierigen Schüler, einem kritischen Elternteil oder einem fordernden Schulleiter erfolgreich gemeistert haben. Gehen Sie die Einzelheiten und Besonderheiten dieser Konfliktsituation noch einmal in Gedanken durch, und machen Sie sich bewusst, welche Stärken, Fähigkeiten oder Eigenschaften Sie eingebracht haben, um diese schulische Konfliktsituation erfolgreich zu bewältigen.

Jeder Lehrer hat seine eigenen spezifischen Eigenschaften und Stärken, mit denen er den Konflikten im Schulalltag besonders gut begegnen kann. Der eine Lehrer bewältigt Schwierigkeiten mit Humor, der andere hat gute Vermittlungsfähigkeiten oder eine besondere Durchsetzungskraft, der nächste hat die Eigenschaft, auch in heiklen Situationen geduldig und gelassen bleiben zu können oder seine natürliche Autorität wirken zu lassen.

Finden Sie mit dieser Übung heraus, auf welche Ihrer persönlichen Eigenschaften und Stressbewältigungsfähigkeiten Sie sich in Konfliktsituationen besinnen und verlassen können. Wenn Sie sich darüber erst einmal bewusst sind, können Sie diese Fähigkeiten in künftigen herausfordernden Situationen gezielter einsetzen.

Dies sind meine besonderen Konfliktbewältigungsressourcen:

1. _____
2. _____
3. _____
4. _____

Eigenlob stinkt nicht

Wenn andere Sie nicht loben, dann loben Sie sich eben selbst! Bestimmt gelingt es Ihnen zunächst besser, all das zu erkennen, zu analysieren und zu bewerten, was im Verlauf eines Schultages nicht so gut gelaufen ist, als das, was gut geklappt hat und womit Sie Erfolg hatten. Nutzen Sie Ihre Beobachtungsgabe künftig bewusst auch dafür, ebenso diejenigen Dinge wahrzunehmen, die Ihnen gut gelingen. Seien Sie fair zu sich selbst, und legen Sie dieselbe Gründlichkeit und Genauigkeit bei der Suche und Analyse von Stärken zu Grunde wie bei Schwächen. Nehmen Sie jedes noch so kleine positive Detail wahr, erkennen Sie Ihre Talente, Fähigkeiten, Eigenschaften, Fertigkeiten und Tugenden. Erkennen Sie all dies an, so wie Sie es bei Ihren Schülern, Ihren Kollegen oder Ihren Freunden wie selbstverständlich tun. Machen Sie es sich zum Ritual, jeden Abend für ein paar Minuten Ihre eigene Brille der Wertschätzung aufzusetzen, und notieren Sie

3 | ÜBUNGEN, METHODEN, STRATEGIEN

sich drei Dinge, die Ihnen mit den Schülern im Unterricht, in den Pausen mit den Kollegen oder insgesamt während des Schultages gut gelungen sind oder auf die Sie stolz sein können. Schaffen Sie sich hierfür am besten ein kleines Selbstwert-Büchlein an, in das Sie Ihre Erfolgserlebnisse eintragen – es wird graue Schultage erhellen können!

> **Denken Sie daran: Gefühle der Minderwertigkeit sind immer schädlich und behindern Sie dabei, Ihre Ziele zu erreichen und sich im Leben wohl und wertvoll zu fühlen. Machen Sie sich Ihre Stärken bewusst, und seien Sie fair bei der Beurteilung Ihrer eigenen Leistungen, Eigenschaften und Fähigkeiten. Legen Sie an sich selbst dieselben Maßstäbe an, mit denen Sie auch andere beurteilen oder anerkennen.**
> **Beachten Sie: Je weniger Anerkennung Ihnen in Ihrem Berufsalltag zuteil wird, desto mehr sind Sie im Sinne der Selbstfürsorge gefordert, sich diese Wertschätzung selbst zuzuschreiben.**

Sich selbst und seinen inneren Antreibern begegnen

Worum geht's?
Warum geraten manche Lehrer zunehmend in einen Zustand der chronischen Erschöpfung, während andere Kollegen mit ähnlichen Anforderungen sehr gut zurechtkommen?

In jeder Situation, ob belastend, kritisch oder krisenhaft, haben wir stets einen eigenen Anteil, der die Situation entweder entschärft oder katalysiert. Unsere Ansprüche und Erwartungen an uns selbst spielen dabei eine besondere Rolle. Diese stellen sich in Form so genannter „innerer Antreiber" dar und sind bei Lehrern häufig in besonderer, nämlich in Stress fördernder Weise ausgeprägt. Wir werden daher im Folgenden auf diese personenbezogenen Anteile, die sich in uns selbst finden und die unseren Stress fördern, genauer eingehen.

Wissenswertes
Stress mit all seinen körperlichen und psychischen Auswirkungen ist oft nicht nur ungünstigen Arbeitsanforderungen geschuldet, sondern liegt auch in uns selbst begründet, und zwar in der Art und Weise, wie wir mit Belastungen umgehen. Sobald wir uns dieser eigenen Anteile jedoch bewusst werden, ist die Bearbeitung und Veränderung dieser persönlichen Ursachen möglich und wird somit zu einer wirkungsvollen Entlastung beitragen.

Schauen wir also einmal genauer hin: „Was hat mein Stress mit mir zu tun?"

Das Erkennen unserer eigenen Anteile an der Entstehung von Stress ist oftmals schwer, da wir so genannte „blinde Flecken" haben, d.h. wir sind uns vieler unserer Motive und Absichten nicht bewusst. Unser Erleben und Handeln ist stets in engem Zusammenhang mit unseren inneren Antreibern zu betrachten, denn diese sind dafür mitverantwortlich, warum wir uns auf welche Weise verhalten. Sich seiner eigenen Antreiber bewusst zu werden, hat eine zentrale Bedeutung im Rahmen der Selbstreflexion und erfordert eine kritische Auseinandersetzung mit sich selbst. Sind wir uns jedoch erst einmal der vermeintlichen „Vorzüge" unseres aufregenden, bunten und manchmal eben auch stressigen Lebens bewusst, so können wir unser Verhalten zielgerichteter und effizienter einbringen – und das mit weniger innerem und äußerem Stress.

Diese „Vorzüge" werden in der Psychologie als so genannte Funktionalitäten beschrieben. Sie erfüllen eine wichtige Funktion, die meist im Zusammenhang mit dem Erhalt oder der Stärkung unseres Selbstwertgefühls einhergeht. So geht z.B. der innere Antreiber „Perfektionismus" oft mit Wertschätzung und Anerkennung anderer einher. Da wir dies als positiv empfinden, wird der innere Antreiber kurzfristig verstärkt. Leider trägt er langfristig in hohem Maße dazu bei, dass Aufgaben nicht mehr pragmatisch abgearbeitet werden, was den äußeren und inneren Stress erhöht. Diese Funktionalitäten hat jeder Mensch, hieran ist grundsätzlich nichts zu kritisieren – solange sie sich nicht hinderlich auswirken. Oftmals sind es jedoch die von Stress Betroffenen selbst, die bspw. unbewusst ihren Zeitdruck initiieren!

Damit Sie ein näheres Verständnis für die Bedeutsamkeit von Funktionalitäten erhalten, stellen wir Ihnen im Folgenden einige Vorteile von Stress im Rahmen eines bunten Alltags mit vollem Terminkalender dar – immer viel erledigen zu müssen, kann also auch die folgende Funktionalität haben, denn dies bedeutet unter Umständen auch:

* Sich wichtig, gebraucht, anerkannt, unentbehrlich, begabt, besonders oder lebendig zu fühlen – diese Bedürfnisse hat jeder Mensch, wir alle wollen anerkannt und besonders sein, und wir alle bewegen daher eine Menge, um das Ziel zu erreichen, dieses Bedürfnis zu befriedigen. Niemand muss sich also dieser Bedürfnisse schämen, doch erkennen sollte man sie dann, wenn der Versuch der Befriedigung dieser Bedürfnisse zu Energie raubend wird.

* hohe Anforderungen und Erwartungen an uns selbst halten uns davon ab, bestimmte Aufgaben und Tätigkeiten zu delegieren. So kann es z.B. einer beruflich engagierten Mutter schwerfallen, eine Haushaltshilfe in Anspruch zu nehmen, da sie den Anspruch an sich hat, Hausarbeiten als gute (Ehe-)Frau selbst zu leisten, nur dann fühlt sie sich wertvoll.

3 | ÜBUNGEN, METHODEN, STRATEGIEN

* Durch starke Beschäftigung werden wir abgelenkt, sodass bestimmte unangenehme oder belastende Gefühle nicht gespürt werden müssen. Es ist also (funktional) keine Zeit vorhanden, über unangenehme Dinge nachdenken oder bislang ungelöste Probleme fokussieren zu müssen.

Jeder Mensch hat auch eigene Anteile daran, dass bestimmte Konflikte oder Belastungssituationen immer wiederkehren. Erinnern Sie sich an den Zusammenhang zwischen unseren Gefühlen und Bewertungen sowie unserem Verhalten? Unser entstandenes Gefühl sowie unsere Bewertung in einer Situation bestimmen unser Verhalten, welches wiederum bestimmte Gefühle auslöst. Gleichzeitig schaffen wir durch unser Verhalten eine neue Situation, die bestimmten Gegebenheiten und Bedingungen unterliegt und somit Einfluss innerhalb eines Handlungsprozesses hat.

Jeder Mensch hat zudem individuelle Tendenzen und Muster im Denken und Handeln, die einen starken Einfluss darauf haben, was wir wahrnehmen, fühlen, denken und wie wir uns Verhalten. Diese so genannten Schemata entstehen u.a. aus unserer biografischen Geschichte mit all ihren günstigen und ungünstigen lebensgeschichtlichen Erfahrungen. Aber auch unsere aktuelle Lebensphase mit all ihren komplexen Wechselwirkungen oder unsere aktuelle Tagesform haben einen Einfluss darauf, wie wir die Dinge um uns herum aufnehmen und letztlich interpretieren und bewerten.

In Situationen, in denen Stress ausgelöst wird, werden bei jedem Menschen ganz bestimmte Gefühle aktiviert. Der Betroffene wird daraufhin mit einem bestimmten, für ihn typischen, Verhaltensmuster reagieren, welches sich z.B. in Mimik, Gestik, Körperhaltung und Tonfall widerspiegelt. Diese emotionalen Reaktionen sind jedoch nicht immer lösungsorientiert oder konstruktiv.

Beispiel: „Ich werde von einem Schüler kritisiert und abgewertet. Ich fühle mich verletzt, und immer wenn ich verletzt bin, reagiere ich spontan wütend und vorwurfsvoll."

Eine wütende Reaktion wird jedoch mit großer Wahrscheinlichkeit den Konflikt verschärfen und ist insofern nicht günstig. Sich seiner typischen Verhaltensreaktionen und -muster bewusst zu werden, kann also helfen, in akuten Konflikt- und Stresssituationen bewusster und konstruktiver zu agieren. Zur Selbstreflexion gehört es daher auch, sich seiner Schwächen im Unterricht bewusst zu werden, um so genannte emotionale Fallen zu vermeiden, wie wir es an dem Beispiel des vom Schüler kritisierten Lehrers dargestellt haben.

Ebenso wichtig ist die Reflexion eigener Stärken und Kompetenzen, sodass auch diese zielgerichtet, wirkungsvoll und Stress mindernd eingesetzt werden können.

Die Erfahrung in der Prävention und Therapie von Burnout-Betroffenen zeigt, dass tief verankerte Glaubens- und Leitsätze als innere Antreiber zu einem Stress und Burnout fördernden Lebensstil beitragen. Leitsätze sind unbewusste Gesetze, Gebote, Lebenshaltungen und -einstellungen, nach denen wir unser tägliches Handeln im Privatleben sowie auch im Beruf ausrichten, ohne es in besonderer Weise zu reflektieren. Diese können erlaubend oder einschränkend sein, und sie bestimmen über die Art und Weise, wie wir uns und unsere Umwelt wahrnehmen. Nicht selten führen ungünstige *Leit*sätze im Schulalltag zu Belastungen oder Behinderungen, oftmals sogar zu psychischem *Leid*!

Leit- oder Glaubenssätze entstehen zumeist in unserer Kindheit und werden in der Regel von unseren Eltern, oft aber auch von anderen wichtigen Bezugspersonen, Mentoren oder auch Lehrern geprägt. Es sind Sätze, an die wir glauben, unabhängig davon, ob sie faktisch richtig sind oder nicht. Viele Glaubenssätze sind Sprichwörter, die wir in unserer Familie oder unserem sozialen Umfeld erworben haben, wie etwa „Ohne Fleiß kein Preis" oder „Von nichts kommt nichts". Sie sind zumeist tief in unserer Herkunftsfamilie und in unserem kulturellen Umfeld verwurzelt. Auf Grund dieser starken Prägung entscheiden wir uns zu irgendeinem Zeitpunkt, diese Glaubenssätze zu verinnerlichen. Sie entsprechen fortan einem Bewertungsmuster, das in seiner Gesamtheit unsere Einstellung zum Leben widerspiegelt und unser Handeln bestimmt. Glaubenssätze wirken im Unbewussten wie eine Art Programmierung, ohne dass wir uns darüber klarwerden, dass sie ursprünglich aus einer fremden Quelle stammen. Wir halten Glaubenssätze für unsere eigene Meinung und das Ergebnis unserer eigenen Erfahrungen.

Glaubenssätze sind günstig und förderlich, wenn sie helfen, uns in unserem Leben besser positionieren oder orientieren zu können, oder wenn sie dazu motivieren, Ziele anzustreben und zu erreichen. Glaubenssätze erzeugen jedoch auch gewisse Erwartungen an uns selbst, indem sie bspw. als innerer Motor für überhöhte Leistungsansprüche fungieren. Diese Erwartungen an sich selbst, die wir als innere Antreiber bezeichnen, können zu Belastungen führen, etwa wenn wir uns übermäßig anstrengen müssen, um ein zu hoch gestecktes Ziel zu erreichen. Ebenso können Glaubenssätze zu Enttäuschungen führen, etwa wenn sich unsere Erwartungen nicht erfüllen. Somit kann eine ungünstige „Programmierung" durch Glaubens- oder Leitsätze für überhöhte Leistungsansprüche oder überverantwortliches Verhalten in unserem Privatleben und Schulalltag verantwortlich sein.

3 | ÜBUNGEN, METHODEN, STRATEGIEN

Übungen, Methoden, Strategien

Teil 1: Sich selbst kennenlernen

Wir werden Ihnen im Folgenden einige Übungen anbieten, mittels derer Sie sich in der kommenden Zeit im Sinne der Selbstreflexion näher beobachten, besser einschätzen und bewusster verhalten können. Achten Sie insbesondere in belastenden Situationen des Berufsalltags auf Ihre persönlichen Umgangsweisen mit Konflikten sowie Ihre typischen Verhaltensmuster und Bewältigungsstrategien. Gehen Sie in sich, und ergründen Sie sich selbst und Ihre persönlichen inneren Antreiber.

Warum der Stress?

Um herauszufinden, welchen eigenen Anteil Sie an Belastungen oder Konflikten selbst tragen, ist es zunächst hilfreich, sich selbst auf die Spur zu kommen, d.h. sich seiner eigenen Motive, Stärken, Schwächen und inneren Antreiber bewusster zu werden. Machen Sie dazu folgendes Gedankenexperiment!

Anleitung: Stellen Sie sich vor, wie Ihr Leben wäre, wenn Sie plötzlich drei Monate frei und ausreichend Zeit für all Ihre Vorhaben und Verpflichtungen hätten. Was wäre bei einem entspannten und maßvollen Umgang mit Ihren Aufgaben und Verpflichtungen anders? Welche Lebensthemen wären dann vordergründig? Welche Gedanken und Gefühle würden aufkommen? Wie würde sich der Kontakt zu wichtigen Menschen in Ihrem Leben verändern?

Schreiben Sie hier Ihre Gedanken und Erkenntnisse auf:

_____
_____
_____
_____

Diese Selbstreflektion kann Ihnen helfen, eine gegenwärtig als belastend empfundene Situation neu zu betrachten und zu bewerten. Indem Sie Ihren eigenen Anteil der Belastung in der Gesamtsituation erkennen und Ihrem inneren Antreiber auf die Spur kommen, wird sich das Belastungserleben mit großer Wahrscheinlichkeit relativieren. Vielleicht sind Sie nun besser in der Lage, fünf auch mal gerade sein zu lassen, oder können 80 % als gut genug empfinden? Probieren Sie es aus!

Wiederkehrende Konflikte

Bei Konflikten, die häufiger wiederkehren, ist die Wahrscheinlichkeit sehr groß, dass eigene Anteile am Konflikt beteiligt sind. Versuchen Sie mit Hilfe des folgenden Schemas, Ihre eigenen Anteile am Gesamtgeschehen herauszufinden. Beobachten Sie sich in den kommenden Tagen, und suchen Sie sich beispielhaft eine typische Konfliktsituation heraus, die Sie auf den folgenden Seiten näher unter die Lupe nehmen.

Was ist die auslösende Situation? *(z.B.: Ein Schüler stört den Unterricht.)*

___

___

Welche Gefühle werden bei mir ausgelöst? *(z.B.: Wut, Trauer, Scham ...)*

___

___

Wie äußert sich dieses Gefühl typischerweise in meiner Mimik, Gestik, Körperhaltung, Sprachverhalten, Stimme, Tonfall usw.? *(z.B.: Immer wenn ein Schüler den Unterricht stört, ärgere ich mich und versuche, mir Respekt zu verschaffen, indem ich eine aufrechte Haltung einnehme, meinen Kopf aufrechthalte und das Kinn hervorstrecke. Meine Stimme wird fest und laut, dabei setzte ich eine ernsthafte Mimik auf.)*

___

___

___

Welche Gefühle erzeuge ich damit bei meinem Gegenüber? *(z.B.: Mein Gegenüber fühlt sich vermutlich angegriffen oder eingeschüchtert. Vielleicht entsteht Angst oder die Sorge vor Konsequenzen.)*

___

___

Welches Verhalten wird bei meinem Gegenüber ausgelöst? *(z.B.: Schüler X wird beschämt und verängstigt sein und sich erst einmal zurückziehen und gar nicht mehr äußern; Schüler Y wird sich angegriffen fühlen und zum Gegenangriff ausholen.)*

___

___

3 | ÜBUNGEN, METHODEN, STRATEGIEN

Ist dieses Verhalten förderlich für eine Klärung? *(z.B.: Der Konflikt wird dadurch vermutlich eher verschärft.)*

_____

_____

_____

Wie könnte ich angemessener reagieren? *(z.B.: Ich könnte den Schüler zunächst bestimmt aber freundlich darauf hinweisen, dass er den Unterricht stört, und ihn bitten, sich ruhig zu verhalten. Meine Stimme und Mimik kann ich etwas milder demonstrieren, um eine Eskalation zu vermeiden.)*

_____

_____

_____

Eigene Passung zum Lehrerberuf?

Vor dem Hintergrund der alarmierenden Zahlen von Lehrern, die ihre Tätigkeit frühzeitig aufgeben, den Beruf nach vielen Jahren der Berufstätigkeit doch noch wechseln oder aber psychisch so belastet sind, dass sie zum Teil ihre Arbeitsfähigkeit verlieren, ist es wichtig, dass Sie so früh wie möglich hinterfragen, ob Sie für die Anforderungen und Bedingungen des Lehrerberufes geeignet sind. Möglicherweise können Sie Ihre Fähigkeiten und Fertigkeiten anderweitig besser und zufriedenstellender einbringen.

Anleitung: Listen Sie in der linken Spalte der folgenden Tabelle auf, welche fünf wichtigen Eigenschaften Ihrer Meinung nach ein guter bzw. „perfekter" Lehrer mitbringen sollte (z.B. Selbstsicherheit, Gelassenheit, Einsatzbereitschaft, Abgrenzungsfähigkeit ...). Bewerten Sie in der mittleren Spalte auf einer Skala von 0 bis 10 (0 = trifft gar nicht zu; 10 = trifft voll zu), wie Sie sich selbst in Bezug auf Ihre auserwählte Eigenschaft einschätzen (Selbsteinschätzung). Bitten Sie sodann einen Kollegen Ihres Vertrauens darum, Ihre benannten Eigenschaften in Bezug auf Ihre Person einzuschätzen (Fremdeinschätzung).

Wichtige Lehrereigenschaften	So sehe ich mich selbst	So sieht mich ein befreundeter Kollege

Werten Sie anschließend Ihre Ergebnisse aus. Vergleichen Sie Ihre Selbsteinschätzung mit der Fremdeinschätzung. Sollte es starke Differenzen geben, so fragen Sie weitere Kollegen oder Freunde nach einer Einschätzung Ihrer Person.

Es sollte Ihnen dabei bewusst sein, dass es den „perfekten" Lehrer nicht gibt. Wie auch im Privatleben, hat jeder Lehrer seine Stärken und Schwachstellen, Empfindsamkeiten, die ihm den Berufsalltag erschweren oder besondere Situationen, die als Stress auslösend empfunden werden. Seien Sie also nicht enttäuscht, wenn Ihre eigene oder die Zuschreibung Ihrer Kollegen nicht „perfekt" ausfällt. Erstens haben Sie ja bereits erfahren, wie hinderlich solch ein Streben nach Perfektion sein kann, zum anderen ist es im Sinne der Burnout-Prävention wichtig, in seinem Beruf seine Kompetenzen, Vorlieben und Stärken hinreichend einbringen zu können, um auch auf lange Sicht die Freude am Beruf zu erhalten und insgesamt motiviert und gesund zu bleiben.

Sofern Sie ernsthafte Zweifel daran hegen, ob Sie im Lehrerberuf wirklich richtig sind, sollten Sie auf jeden Fall in professionellen Gesprächen umfänglich, Orientierung gebend und lösungsorientiert an dieser Thematik arbeiten. Überstürzen Sie dabei nichts, fällen Sie keine voreiligen Entscheidungen, und geben Sie sich eine angemessene Zeit der Überprüfung Ihrer Annahme. Vielleicht fehlt Ihnen lediglich etwas konkretes Handwerkszeug im Umgang mit Konflikten und Stressoren, sodass Sie anschließend durchaus gut für den Lehrerberuf gewappnet und geeignet sind.

Grundsätzlich sollten Sie jedoch herausfinden, ob Sie auch langfristig in Ihrem Beruf zufrieden und gesund bleiben können. Ggf. benötigen Sie Unterstützung bei einer mutigen Entscheidung, falls ein Berufswechsel doch in Betracht gezogen werden sollte. Sehen Sie dies keinesfalls als Scheitern an, sondern machen Sie sich bewusst, dass Ihre besonderen Fähigkeiten und Eigenschaften in einem anderen Arbeitsfeld mit anderen Arbeitsbedingungen möglicherweise besser und für Sie (und damit Ihre Mitmenschen) befriedigender zum Einsatz kommen können!

Sich seiner Stärken im Schulalltag bewusst sein

Insbesondere wenn Sie hohe Erwartungen und Anforderungen an sich selbst haben, ist es umso wichtiger, den Fokus nicht nur auf das zu richten, was Ihnen noch nicht oder nicht gut genug gelingt, sondern ganz besonders auf Ihre Stärken zu achten und diese mehr im Schulalltag einzubringen. Jeder Lehrer hat seine ganz besonderen Fähigkeiten, Kernkompetenzen und persönlichen Stärken. Aus der Glücksforschung ist bekannt, dass die eigene berufliche Tätigkeit dann als besonders wertvoll und weniger Energie raubend bewertet wird, wenn es gelingt, die eigenen Stärken und Fähigkeiten mehr in die Tätigkeiten einzubringen. Wenn Ihre Schule es also grundsätzlich hergibt, sollten Sie darauf achten, ob die Passung zwischen Ihren Fähigkeiten und den Möglichkeiten zur Umsetzung gegeben sind. Beantworten Sie in diesem Sinne bitte die folgenden Fragen:

* Was macht Ihnen in Ihrem Beruf besondere Freude? Wobei erleben Sie einen „Flow"?

_____

_____

* Bei welchen Tätigkeiten fühlen Sie sich sicher, souverän und kompetent?

_____

_____

* Wie schaffen Sie es, Motivation bei Ihren Schülern zu wecken?

_____

_____

* Welche Fächer, Schwerpunkte, Projekte oder Profile liegen Ihnen besonders?

_____

_____

Überlegen und notieren Sie anhand Ihrer Antworten nun, wie Sie künftig Ihre Arbeit so gestalten können, dass Sie im Schulalltag besser und häufiger Ihre Stärken, Kompetenzen und Vorlieben einbringen können:

_____

_____

_____

_____

_____

Teil 2: Seinen Leitsätzen und inneren Antreibern begegnen
Machen Sie sich Ihre eigenen, ungünstigen Leitsätze bewusst, und verändern Sie die damit verbundenen Erwartungshaltungen. Es ist sinnvoll, die Gültigkeit und Sinnhaftigkeit der Leitsätze kritisch zu überprüfen, denn nur so können wir eine bewusste Entscheidung darüber treffen, ob wir auch künftig unser Handeln und Erleben danach ausrichten wollen.

Um diese Entscheidung treffen zu können, sollten Sie einige Zeit und Gedanken in die Reflexion persönlicher Werte und Ziele investieren und diese für sich formulieren. So werden Sie in der Auseinandersetzung mit Ihren Leitsätzen feststellen, ob bzw. welche Glaubenssätze Sie zu irgendeinem Zeitpunkt in Ihrem Leben lediglich unreflektiert übernommen haben. Sie können sodann differenzieren, ob sie in früheren Zeiten in anderen Kontexten durchaus sinnvoll waren oder ob sie auch heute noch für Ihr Leben hilfreich und gültig sind. Ein zuverlässiger Indikator für die Identifikation mit einem Leitsatz ist Ihr Gefühl, das den jeweiligen Glaubenssatz begleitet. Löst er ein Gefühl der Enge statt der Weite aus? Wirkt er demotivierend statt beflügelnd? Es kann auch hilfreich sein, den Ursprung des jeweiligen Leitsatzes herauszufinden. Wann, von wem oder in welchem Kontext haben Sie den Leitsatz häufig gehört?

Die folgenden Übungen sollen Ihnen bei dieser Auseinandersetzung mit Ihren Leitsätzen als inneren Antreibern helfen.

Leitsätze im Lehreralltag identifizieren

Kreuzen Sie in der folgenden Checkliste diejenigen Leitsätze an, die Sie heute antreiben, und ergänzen Sie ggf. eigene:

- ○ Wenn man einmal Schwäche zeigt, hat man bei den Schülern verloren.
- ○ In der Schule bin ich für alles verantwortlich.
- ○ Wenn es einem Schüler schlecht geht, bin ich gefordert, etwas zu tun, damit es ihm besser geht.
- ○ Meine fachliche Kompetenz muss sowohl von den Schülern als auch von den Eltern unbedingt wahrgenommen werden.
- ○ Wenn ich im Unterricht nicht alles perfekt mache, bin ich ein Versager.
- ○ Wenn ich zu Hause und in der Schule nicht funktioniere, dann bricht alles zusammen.
- ○ Wenn mir im Unterricht ein Fehler unterläuft, ist das furchtbar und katastrophal.
- ○ Nur wenn ich absolut sicher bin, kann ich Entscheidungen treffen.
- ○ Wenn ich in der Schule Nein sage oder etwas für mich tue, bin ich ein Egoist und ein schlechter Lehrer.
- ○ Misserfolge meiner Schüler sind ein Zeichen meiner Unzulänglichkeit.
- ○ Ich bin nur dann glücklich, wenn Schüler, Eltern und Kollegen mich mögen
- ○ Kollegen um Hilfe zu bitten, ist ein Zeichen von Schwäche.

3 | ÜBUNGEN, METHODEN, STRATEGIEN

- Es ist besser, gar nichts zu tun, als etwas zu versuchen, was fehlschlagen könnte.
- Wenn ich von meiner Klasse nicht respektiert und geliebt werde, dann ist das meine Schuld.
- Ich muss immer besser sein als die anderen.
- Um beliebt zu sein, muss ich so sein, wie die anderen mich wollen.
- Ich muss immer 150 % geben, um bestehen zu können.
- Als Lehrer muss ich immer alle Schüler gerecht behandeln.
- In der Schule kann ich mich letztlich auf niemanden verlassen.
- _____
- _____

Machen Sie direkt im Anschluss die folgende Übung!

Leitsätze überprüfen – was bringen Sie mir?
Prüfen Sie anhand der folgenden Tabelle die für Sie wichtigen Leitsätze auf ihre positiven und negativen Konsequenzen.

Ich darf keine Fehler machen! Nur wenn ich von allen gemocht werde, kann ich mich selbst mögen. Ich muss allen helfen.

Ich muss nicht alles perfekt machen! Nicht alle Menschen müssen mich mögen! Ich bin nicht für alles verantwortlich!

Und wie wollen Sie leben?

Mein Leitsatz:		*Beispiel: Ich muss immer perfekt sein.*	
PRO	• Warum ist dieser Leitsatz für mich sinnvoll? Wofür war er wichtig? • Was gewinne ich, wenn ich diesen Gedanken beibehalte?	*Er hat mir schon zu vielen Erfolgen verholfen. Er war wichtig, um mich kompetent und sicher zu fühlen. Der Respekt meiner Kollegen ist mir durch ihn sicher.*	
KONTRA	• Gibt es Situationen, in denen er hinderlich ist? • Hilft er, mich so zu fühlen, wie ich mich fühlen möchte? • Was sind negative Konsequenzen?	*Die vielen Anforderungen des Lehrerberufes machen es unmöglich, alles perfekt zu machen. Dadurch fühle ich mich überfordert. Durch meinen Perfektionismus verliere ich mich im Detail und schaffe die Menge der Aufgaben nicht.*	
Wie hat sich dieser Leitsatz auf mein Umfeld ausgewirkt?	Partner:	*Mein Partner vermisst Leichtigkeit.*	
	Kinder:	*Meine Kinder finden mich zu streng.*	
	Freunde:	*Ich habe zu wenig Zeit, da ich mich übermäßig viel für schulische Angelegenheiten engagiere.*	
	Kollegen:	*Respektieren mich.*	
	Schüler:	*Bei meinen Schülern bin ich nicht sehr beliebt, aber sie schätzen meine Kompetenz.*	

3 | ÜBUNGEN, METHODEN, STRATEGIEN

Leitsätze umformulieren

Betrachten Sie nun noch einmal Ihre Leitsätze aus der vorigen Übung mit ihren positiven und negativen Konsequenzen. Wägen Sie nun kritisch ab, ob Sie Ihren Leitsatz beibehalten möchten. Entscheiden Sie sich, ob sie Ihren Leidsatz als ungünstig bewerten und ob Sie ihn ggf. in einen hilfreichen Leitsatz umformulieren wollen.

Beispiel:
Alter Leitsatz: „Ich muss immer perfekt sein."
Neuer Leitsatz: „Auch 80 % meiner Leistung sind ein gutes Ergebnis und reichen aus."
Achten Sie dabei auf folgende Kriterien:

* Formulieren Sie Ihren Leitsatz neu und positiv, vermeiden Sie Verneinungen.

* Verwenden Sie keine absoluten Aussagen (Tabuwörter: „muss", „immer", „kein", „alles", „nie", „nur", „nicht").

* Je kürzer, desto einprägsamer und desto wirkungsvoller!

STOLPERSTEIN Sie sagen: „Aber es ist doch GUT, keine Fehler zu machen!"? Denken Sie dran: Es geht nicht darum, ab jetzt im Leben ALLES falsch zu machen, sondern kritisch zu reflektieren, ob Sie IMMER ALLES perfekt machen müssen.

Mein neuer hilfreicher Leitsatz:

Den inneren Antreiber „Sei perfekt" bremsen

Haben Sie in unserem Test auf S. 25 f. einen hohen Punktwert bei diesem inneren Antreiber erzielt? So könnte Ihr neuer, hilfreicher Leitsatz sein: „Auch wenn ich nur 80 % statt 100 % meiner Energie und Kompetenz einbringe, ist es ein gutes Ergebnis, mit dem ich zufrieden sein kann." Bei angemessener Ausprägung liefert dieser Antreiber den energetischen Schub, um auch anspruchsvolle Aufgaben und besondere Herausforderungen gut meistern zu können und besondere Leistungen und Erfolge erzielen zu können. Menschen, die jedoch einen übermäßig starken inneren Antrieb haben, immer perfekt sein zu müssen, sind häufig unter starker Anspannung, da sie übermäßig an eigenen Leistungen und Erfolg sowie an Anerkennung durch Dritte orientiert sind. Für diese Menschen ist es nur schwer auszuhalten, Fehler zu machen; sie müssen unbedingt vermieden werden. Aufgaben nicht zu schaffen oder Misserfolge zu verkraften, fällt diesen Menschen außerordentlich schwer und ist kaum akzeptierbar. Selbst wenn Aufgaben nicht sonderlich wichtig sind, haben sie die Einstellung, immer alles noch etwas besser machen zu können. Der Anspruch an sich selbst ist, für andere absolut verlässlich sein zu müssen.

Es ist daher bei starker Ausprägung dieses inneren Antreibers notwendig, eine etwas gelassenere Haltung zu gewinnen und auch mal Fehler oder Misserfolge zu tolerieren. Es gibt niemanden, dem immer alles gelingt, der nie versagt und immer funktioniert. Auch auf die Mitmenschen übt es Druck aus, sich mit jemandem vergleichen zu müssen, der immer alles perfekt zu machen versucht, da eigene Fehler und Unzulänglichkeiten im Vergleich mit diesen Menschen unangenehme Gefühle verursachen. Nicht perfekte Menschen mit Ecken und Kanten werden im Allgemeinen als sympathischer und angenehmer erlebt, Perfektionisten verursachen – zumindest im Privatleben – eher das Gegenteil.

Nehmen Sie sich daher für einen Zeitraum von vier Wochen vor, die Dinge weniger perfekt zu erledigen. Erlauben Sie sich, nicht immer 100 % zu geben und zu funktionieren. Gehen Sie die kommenden Wochen nach dem Pareto-Prinzip an, wonach sie 80 % der Arbeit in nur 20 % der Zeit erledigen (siehe S. 127). Verzichten Sie eine Zeit lang auf die letzten 20 % Ihres Einsatzes, der noch zu einem perfekten Ergebnis fehlen würde.

Achten Sie dabei auf Ihre innere Anspannung: Beobachten Sie, ob Sie ggf. nach diesem Prinzip mehr schaffen, schneller vorankommen und die Erfahrung machen, dass auch 80 % der Leistung ein gutes und akzeptables Ergebnis bringen. Experimentieren Sie, und seien Sie gespannt auf das Resultat!

3 | ÜBUNGEN, METHODEN, STRATEGIEN

Den inneren Antreiber „Sei stark" bremsen

Haben Sie in unserem Test auf S. 25 f. einen hohen Punktwert bei diesem inneren Antreiber erzielt? So könnte Ihr neuer, hilfreicher Leitsatz sein: „Ich muss nicht immer alles alleine tragen und ertragen, ich kann mir Hilfe von anderen suchen und annehmen." Bei angemessener Ausprägung liefert dieser Antreiber den energetischen Schub, um auch schwierige und beanspruchende Aufgaben anzugehen sowie Einsatz und Durchhaltevermögen zu beweisen. Durch Ausdauer, Fleiß und Kraft werden herausfordernde Aufgaben bewältigt.

Der innere Antreiber „Sei stark" ist dann übermäßig ausgeprägt, wenn Menschen nur schwer Schwächen wahrnehmen oder einräumen können, nach dem Motto „starke Menschen brauchen keine Hilfe". Bedürftig zu sein, ist für diese Menschen tabu, denn ihnen sind Abhängigkeiten unbehaglich. Sie legen daher viel Wert auf Autonomie und Selbstbestimmung. Dabei lassen Sie sich von nichts erschüttern und haben den Anspruch an sich selbst, sich selbst bei schwierigen Herausforderungen oder Belastungen stets beherrschen zu müssen und keine Gefühle zeigen zu dürfen. Am besten wäre es, wenn sie gar keine (bedürftigen) Gefühle hätten.

Dieser Antreiber sorgt bei übermäßiger Ausprägung für einen sehr hohen inneren Druck, denn es gibt niemanden, der nie unter der Last von Anforderungen kräftemäßig überfordert ist. Es ist für diese Menschen daher ratsam, sich auch mal hilfebedürftig oder schwach zu zeigen, auch um von seinen Mitmenschen als „menschlicher" wahrgenommen zu werden. In der Regel finden wir es sympathisch und entlastend, wenn wir mit Menschen umgehen, die auch Schwächen haben und diese zeigen, denn: Es gibt niemanden, der nur stark ist, immer alles schafft und nie Hilfe braucht. Menschen fühlen sich in Gegenwart anderer, die ihre Bedürftigkeiten zeigen, wohler und weniger unzulänglich. Sie nehmen wahr, dass nicht nur sie selbst Schwächen haben, das entlastet und bringt uns einander näher.

Nehmen Sie sich daher für den Zeitraum von vier Wochen bewusst vor, auch mal jemanden um Hilfe zu bitten. Äußern Sie, dass Sie eine konkrete Unterstützung gut gebrauchen könnten. Formulieren Sie klar und deutlich, was für Sie nützlich, hilfreich und entlastend sein könnte. Lernen Sie, zu delegieren, und bitten Sie Ihre Kollegen oder Freunde um Hilfe. Experimentieren Sie damit, Ihre Belastungsgrenzen genauer wahrzunehmen und sich durch Hilfe anderer bereits Entlastung zu verschaffen, bevor Sie eine Überlastung wahrnehmen.

Achten Sie auf die Reaktionen Ihrer Mitmenschen. Wie gehen diese mit Ihren Offenbarungen um? Treten Ihre Befürchtungen ein? Wie fühlt es sich an, wenn Sie um Unterstützung bitten?

📯 Veränderungen verdeutlichen

Stellen Sie sich vor, Sie werden Ihr Leben ab morgen nach Ihrem neuen Leitsatz ausrichten und Ihr Verhalten entsprechend anpassen. Woran genau werden Sie erkennen, dass Ihre alten Gebote keine Gültigkeit mehr haben? Was genau ist dann anders? Woran erkennen Sie, dass Ihr neuer Leitsatz Gültigkeit hat?

Bspw. würden Sie von nun an nicht mehr unverhältnismäßig viel Zeit darauf verwenden, Ihren Unterricht 100 %-ig perfekt vorzubereiten, sondern Sie würden nur noch die Hälfte der Zeit aufwenden und dennoch einen guten Unterricht anbieten. In der Summe würden Sie einige Stunden pro Woche an Arbeitszeit einsparen und hierdurch zwar nicht mehr Ihren perfektionistischen Erwartungen entsprechen, Sie hätten aber eine größere Gelassenheit als zuvor, Ihr Partner oder Ihre Kinder hätten mehr qualitative Zeit mit Ihnen zur Verfügung, und Ihre Schüler und Kollegen würden Sie etwas weniger angespannt erleben.

Denken Sie daran: Nur wenn Sie Ihre Stärken und Schwächen kennen, können Sie sie zielgerichtet, konstruktiv und förderlich einsetzen bzw. vermeiden. Mit diesen Übungen und etwas mehr Aufmerksamkeit für Ihre Bedürfnisse können Sie nach und nach Ihre ungünstigen, Energie raubenden Leidsätze in befreiende und motivierende Leitsätze transformieren. Dies ist ein wichtiger Schritt auf Ihrem Weg zu mehr Zufriedenheit, Kraft und Selbstbewusstsein.

Stressreduktion durch Abgrenzung

Worum geht's?

Der mangelnde Mut oder die mangelnde Fähigkeit, Erwartungen, Forderungen oder Wünsche abzulehnen, insbesondere wenn Sie von der Schulleitung herangetragen werden, ist für viele Lehrkräfte eine häufige Ursache für die Entstehung von Stress.

3 | ÜBUNGEN, METHODEN, STRATEGIEN

Es gibt Lehrer, die nicht oder nur begrenzt in der Lage sind, eigene Interessen zu wahren und zu verfolgen. Insbesondere in sozialen und Helferberufen finden sich Charaktere, die so sehr von der entgegengebrachten Sympathie und Anerkennung Dritter abhängig sind, dass sie lieber in Überforderungssituationen geraten, als Gefahr zu laufen, als unbeliebt angesehen zu werden. In diesem Kapitel werden wir Ihnen häufige Gründe für die Tendenz, nicht Nein sagen zu können, verdeutlichen und jeweils entsprechende Lösungswege zur erfolgreichen Abgrenzung aufzeigen.

Wissenswertes

In der Therapie von von Burnout betroffenen Lehrern zeigt sich häufig, dass es diesen besonders schwer fällt, sich gegen Erwartungen und Forderungen Dritter abzugrenzen oder Appelle oder Bitten abzulehnen. Dies können konkrete Wünsche der Schulleitung sein, bspw. nach Übernahme einsatzstarker Projekte, es können besondere Erwartungen der Eltern an spezielle Lernmethoden oder auch ständig wechselnde Forderungen der Schüler oder der Appell eines Kollegen nach sozialer Unterstützung in einem Konflikt sein. Um sich jedoch im eigenen Interesse vor Überforderungssituationen zu schützen, ist das Erlernen einer angemessenen Abgrenzung, insbesondere des Nein-Sagens immens wichtig und insbesondere im Lehrerberuf geradezu notwendig. Diese Fähigkeit zur Abgrenzung darf nicht etwa mit Rücksichtslosigkeit oder Egoismus verwechselt werden, denn auf Anliegen anderer Menschen einzugehen und für seine Mitmenschen da zu sein, sind wichtige soziale Funktionen, mit denen wir Menschen uns bspw. gegenseitig Rückhalt oder Unterstützung zukommen lassen, Integration erwirken oder unsere soziale Rolle innerhalb einer Gemeinschaft definieren. Problematisch wird es im Rahmen des Stressmanagements erst dann, wenn aus der Schwierigkeit des Nein-Sagens zu viele Pflichten und Aufgaben im Schulalltag erwachsen, die in eine Überforderungssituation münden.

Es gibt unterschiedliche Gründe, aus denen Lehrkräften das Nein-Sagen schwerfällt, so können bspw. hierarchische Ordnungen in der Schule oder aber bestimmte Interaktionsmuster zwischen Lehrer und Schülern oder Eltern eine bedeutsame Rolle spielen. Viele Lehrer trauen sich eine selbstbewusste Abgrenzung gegenüber der Schulleitung weniger zu als gegenüber Ihren gleichgestellten Kollegen. Wiederum anderen fällt es gegenüber autoritären Kollegen schwer, eine Forderung abzulehnen. Es gibt auch spezifische, kontextabhängige Gründe, die sich etwa auf die direkten, aktuellen Umstände in der Schulsituation beziehen können, so etwa auf konkrete zeitliche oder inhaltliche Aspekte einer Anfrage. Letztlich gibt es spezifische Persönlichkeitseigenschaften, die das mangelnde Nein-Sagen begünstigen, so etwa der große Wunsch, im Kollegium, bei Schülern und Eltern gleichermaßen beliebt sein zu wollen, oder aber ein zurückhaltendes, konfliktscheues oder unsicheres Temperament zu haben.

Übungen, Methoden, Strategien

Identifizieren Sie zunächst, welche typischen Tendenzen Sie im Schulalltag haben, wenn Wünsche oder gar Erwartungen an Sie gestellt werden. Finden Sie Ihre persönlichen Stolpersteine heraus, und gewöhnen Sie sich ein neues Verhalten im Zusammenhang mit der Abgrenzung gegenüber Forderungen Dritter an.

Grundsätzlich sollten Sie sich zunächst darüber klarwerden, ob Sie einer Bitte oder Forderung ganz, bedingt oder gar nicht nachkommen wollen. Die Übereinstimmung mit eigenen Interessen sowie dem Wohlbefinden sollte bei der Entscheidungsfrage in der Form Berücksichtigung finden, dass Sie eigenen Interessen eine höhere Priorität einräumen als dem Anliegen Ihres Gegenübers.

Hier ein paar grundsätzliche Regeln, die helfen, Ihre Interessen zu vertreten, ohne verletzend oder brüsk zu sein:

1. Achten Sie auf Ihre spontane, erste innere Reaktion. Wollen Sie, oder wollen Sie nicht?
2. Verschaffen Sie sich im Zweifel Bedenkzeit.
3. Zeigen Sie für die Wünsche Ihres Gegenübers freundlich Verständnis.
4. Bleiben Sie stets höflich, aber klar, das erhöht Ihre Glaubwürdigkeit.
5. Geben Sie eine sachliche Begründung für Ihre Entscheidung ab.
6. Bieten Sie Alternativen oder Lösungsvorschläge an.

Die Ja-Sage-Analyse
Finden Sie heraus, wann und zu wem Sie Ja sagen!

Anleitung: Beurteilen Sie, ob Ihnen die Gedanken in der linken Spalte der folgenden Tabelle vertraut sind, wenn Sie mit Situationen konfrontiert sind, in denen eine Bitte an Sie herangetragen wird. Überlegen Sie, ob diese Gedanken ggf. eher bei Personen vorkommen, denen Sie überlegen, gleichgestellt oder unterlegen sind, und kreuzen Sie entsprechend an.

„Ja, hmm ... also eigentlich wollte ich ja ... aber naja – ok, ... ich mach's"

3 | ÜBUNGEN, METHODEN, STRATEGIEN

Gedanken	In Situationen, in denen mein Gegenüber eher ...		
	überlegen ist. (z.B. der Schulleiter)	**gleichgestellt** ist. (z.B. Kollegen, Partner, Geschwister, Nachbarn)	**unterlegen** ist. (z.B. Schüler, eigene Kinder)
1. „Wie sag' ich das jetzt?"	○	○	○
2. „Wenn ich um Hilfe gebeten werde, kann ich das doch nicht ausschlagen!"	○	○	○
3. „Wenn ich jetzt Nein sage, dann verliere ich wohl sämtliche Sympathien."	○	○	○
4. „Ich will keinen Stress mit ihm/ihr!"	○	○	○
5. „Eigentlich ist das ja auch meine Aufgabe."	○	○	○
6. „Er/Sie traut mir das zu und bittet MICH um Hilfe!"	○	○	○
7. „Klar, das pack' ich auch noch."	○	○	○
8. „Das abzulehnen, gehört sich nicht!"	○	○	○
9. „Das bin ich ihm/ihr wohl schuldig."	○	○	○
10. „Okay, bevor wir hier jetzt noch lange rumdiskutieren, mach' ich es halt."	○	○	○

STOLPERSTEIN Der Ton macht die Musik, daher ist es oft das Wie und nicht das Warum, das eine Abgrenzung akzeptabel macht. Seien Sie also selbstsicher und entschieden, bleiben Sie aber gleichwohl höflich und verständnisvoll.

Auswertung und der Umgang mit Ja-Sage-Tendenzen:
In Abhängigkeit Ihrer Ja-Sage-Analyse können Sie im Folgenden die jeweiligen Hintergründe für die aufgeführten Tendenzen sowie neue Reaktionsmöglichkeiten erfahren.

Ganz prinzipiell sollten Sie bereits bei dem Ansatz eines Unwohlgefühls grundsätzlich zunächst um einen Entscheidungsaufschub bitten, dann können Sie sich in aller Ruhe überlegen, wie genau Sie zu einem späteren Zeitpunkt argumentieren wollen („Das kann ich jetzt im Moment nicht sagen, lass mich bitte mal einen Tag darüber nachdenken …").

1. Nicht wissen, wie – „Wie sag' ich das jetzt?"
Sie empfinden zwar das Bedürfnis, Nein sagen zu wollen, doch Sie finden nicht die richtigen Worte, Sie sind unsicher, oder Sie haben Bedenken, Ihre Ablehnung nicht freundlich oder verständlich genug kommunizieren zu können. Daher sagen Sie im Zweifel lieber zu.
Vorschlag: „Ich würde dir gerne bei der Präsentation helfen, leider habe ich gerade selbst so viel auf dem Schreibtisch, dass ich auch schon wieder überlegt habe, wie ich das bewältigt bekomme."

2. Helfersyndrom – „Wenn ich um Hilfe gebeten werde, kann ich das doch nicht ausschlagen!"
Man kann nicht jedem helfen, vor allem dann nicht, wenn man selbst die meiste Hilfe benötigt! Sich dessen bewusst zu werden, wird die größte Herausforderung dabei sein.
Vorschlag: „Wie wär's, wenn ich dir bei dieser einen Sache helfe, und die weiteren Schritte versuchst du dann allein?"

3. Wunsch nach Beliebtheit – „Wenn ich jetzt Nein sage, dann verliere ich wohl sämtliche Sympathien."
Sofern es Ihnen wichtig ist, von allen Menschen gemocht und akzeptiert zu werden, laufen Sie automatisch immer wieder in die Falle des Ja-Sagens. Machen Sie sich klar, dass Sie nicht von jedem Menschen gemocht werden können, dass es keinen Menschen gibt, der von allen gemocht wird. Vergegenwärtigen Sie sich, wie viel Energie Sie darauf verwenden, sich anzupassen und es anderen Recht zu machen.
„Du nimmst es mir hoffentlich nicht übel, dass ich dich jetzt im Moment nicht unterstützen kann, aber …"

3 | ÜBUNGEN, METHODEN, STRATEGIEN

4. Harmoniebedürfnis – „Ich will keinen Stress mit ihm/ihr!"
Sie vermeiden lieber Konflikte, um Harmonie zu schaffen, dadurch verpassen Sie jedoch die Chance, Unstimmigkeiten zu klären, Veränderungen herbeizuführen oder Entwicklungsmöglichkeiten zu nutzen. Überwinden Sie sich, und sehen Sie die Konfliktsituation als Chance hierfür. Sie haben vermutlich noch nicht festgestellt, dass auch das Vermeiden von Disharmonien Energie verbraucht.
Vorschlag: „Ich möchte dich nicht verärgern, dennoch muss ich dir diese Bitte abschlagen, denn es ist zu anstrengend für mich geworden. Bitte habe Verständnis."

5. Eigenen Erwartungen entsprechen – „Eigentlich ist das ja auch meine Aufgabe."
Sie fühlen sich für vieles übermäßig verantwortlich und denken, die Aufgaben selbst am besten zu lösen. Oder Sie fühlen sich verpflichtet, selbst eine Lösung finden zu müssen, dies geht jedoch zu Lasten Ihrer Energiereserven. Überprüfen Sie sorgfältiger, ob nur Sie verantwortlich sind oder ob sich die Verantwortung nicht auch teilen ließe.
Vorschlag: „Auch mir ist die Angelegenheit wichtig, aber neben meiner Arbeit schaffe ich es einfach nicht. Wir müssten über eine neue Verteilung der Aufgaben sprechen."

6. Sich geschmeichelt fühlen – „Er/Sie traut mir das zu und bittet MICH um Hilfe!"
Sie können eine Bitte nicht ausschlagen, da die Wichtigkeit Ihrer Person deutlich gemacht worden ist und Sie Ihr Gegenüber vor diesem Hintergrund nicht enttäuschen wollen.
Vorschlag: „Ich freue mich, dass Sie bei dieser Aufgabe an mich gedacht haben, allerdings habe ich derzeit zu viele Projekte, um diese Aufgabe erledigen zu können. Beim nächsten Mal helfe ich Ihnen gerne wieder aus."

7. Selbstüberschätzung – „Klar, das pack' ich auch noch!"
Sie haben das Selbstbild, stets stark und leistungsfähig sein zu müssen, dabei nehmen Sie nur schwer Ihre Belastungsgrenzen wahr oder nehmen sie nicht ernst.
„Ich würde das gerne übernehmen, möchte jedoch erst mal abwarten, denn im Moment habe ich bereits drei gleichzeitige Projekte, und ich bin nicht sicher, ob es nicht doch zu viel wird."

8. Ein Nein steht mir nicht zu – „Das abzulehnen, gehört sich nicht!"
Sie neigen übermäßig dazu, sich sozial angepasst und wohlgefällig zu verhalten, um Konventionen und soziale Regeln zu befolgen. Ihre eigenen Bedürfnisse geraten dabei zu häufig aus dem Blickfeld. Grenzen Sie sich ab, um sich Respekt zu verschaffen.
Vorschlag: „Ich werde dafür sorgen, dass die Praktikantin Ihre Theaterkarten am Nachmittag für Sie besorgt, ich möchte jetzt lieber meine Mittagspause in der Sonne genießen."

9. Ja-Sagen aus Schuld – „Das bin ich ihm/ihr wohl schuldig."
Sie neigen dazu, schnell Schuldgefühle sowie ein schlechtes Gewissen zu entwickeln, daher sind Sie vorschnell bereit, Aufgaben zu übernehmen. Überprüfen Sie regelhaft, ob diese Tendenz der Grund für mangelnde Abgrenzung ist.
Vorschlag: „Wie blöd, du hast mir schon so oft geholfen, und ich würde mich so gerne revanchieren. Aber gerade heute habe ich schon eine Verabredung, die ich nicht absagen möchte."

10. Keine Zeit verschwenden – „Okay, bevor wir hier jetzt noch lange rumdiskutieren, mach' ich es halt."
Sie sind effektiv, arbeiten zügig und effizient. Oftmals fehlen Ihnen die Geduld oder die Zeit für erklärende Gespräche. Ein Entscheidungsaufschub kann Ihnen weiterhelfen und spart Ihnen die Mühe, sich der Aufgabe zu stellen.
Vorschlag: „Mir fehlt gerade die Zeit, mich darum kümmern zu können. Es tut mir leid, aber ich kann mir erst morgen Gedanken dazu machen und werde dann auf dich zukommen."

Denken Sie daran: Gehen Sie Anfragen nur in Übereinstimmung mit den eigenen Bedürfnissen sowie dem eigenen Wohlgefühl nach. Bitten Sie einfach um einen Zeitaufschub, falls Ihnen eine spontane Ablehnung einer Bitte schwerfällt, und überlegen Sie sich in Ruhe eine angemessene, selbstfürsorgliche Reaktion.

Auferlegtes und Unveränderbares

Worum geht's?
Einige Stressoren im Schulalltag bleiben trotz aller Bemühungen und Möglichkeiten unveränderbar, insofern müssen sie wohl oder übel akzeptiert werden. Im Sinne der Burnout-Prävention ist es daher wichtig, gegenüber diesen zu akzeptierenden schulischen Bedingungen Gelassenheit zu erlangen. Stressoren bewirken in der Regel einen Anstieg der inneren Anspannung – um das Stressniveau zu senken, ist es daher erstrebenswert, Wege zu finden, auferlegten und unveränderbaren schulischen Stressoren gesundheitsförderlich zu begegnen.

3 | ÜBUNGEN, METHODEN, STRATEGIEN

Wissenswertes

Insbesondere der Lehrerberuf ist von störenden, belastenden und beeinträchtigenden äußeren oder unveränderbaren Umständen geprägt. Lehrer reagieren auf individuell unterschiedliche Weise auf diese äußeren Stressoren, und zwar in Abhängigkeit bisheriger, prägender Erfahrungen und Ereignisse. So kann es vorkommen, dass wir ggf. wütender, trauriger oder hilfloser auf unseren eingeschränkten Entscheidungs- und Handlungsspielraum reagieren, als es sein müsste oder als andere Kollegen in derselben Lage reagieren würden. Vielleicht verbringen wir einen Teil unserer freien Zeit mit Klagen, anstatt Lösungen anzustreben. Dies kann unter bestimmten Umständen entlastend sein. Wenn Stressoren jedoch zu Schlafstörungen, Grübeleien oder gar zu erhöhter Reizbarkeit führen, sollten Lösungen angestrebt werden. So kann durch das Konzept der radikalen Akzeptanz mehr Gelassenheit im Umgang mit Stressoren gewonnen werden.

Radikale Akzeptanz bedeutet, eine annehmende Haltung gegenüber unveränderbaren Umständen einzunehmen. Gefühle, Gedanken oder Bedürfnisse werden demnach zwar wahrgenommen (im Sinne der Achtsamkeit, siehe Kapitel 3, S. 39), sie werden jedoch akzeptiert, anstatt sie verändern oder verdrängen zu wollen. Umstände, die radikal akzeptiert und als unveränderbar angenommen werden, können zwar auch weiterhin negative Gefühle auslösen, Sie verlieren durch die radikale Akzeptanz jedoch an Macht und Heftigkeit.

Beispiel: Ihr überkritischer Schulleiter ist chronisch schlecht gelaunt, überfordernd in seinen Erwartungen und gleichzeitig kaum anerkennend. Obgleich es aus dem Kollegenkreis bereits eine entsprechende Rückmeldung gegeben hat, bleibt dieser Umstand unverändert.

→ *Radikale Akzeptanz:* „Diese überkritische Reaktion war ja zu erwarten. Auch wenn mich das echt wütend macht, so ist er eben. Dafür habe ich nette Kollegen, meine Klasse ist super, und ich habe mein erwünschtes Profil erhalten. Das finde ich so schnell nicht wieder."

→ *Keine Akzeptanz:* „Der spinnt wohl, so kann der mit mir nicht umgehen. Unfassbar, der kann mich deswegen doch nicht so anbrüllen, was glaubt der eigentlich, wer er ist? Der würde sich ganz schön umgucken, wenn ich plötzlich die Schule wechseln würde!"

Übungen, Methoden, Strategien

Prüfen Sie zunächst grundsätzlich, ob es tatsächlich keine Veränderungsmöglichkeiten gibt. Haben Sie tatsächlich keinen Entscheidungs- und Handlungsspielraum? Wenn alle Optionen ausgeschlossen sind, bleibt nur noch die radikale Akzeptanz, um nicht noch mehr unnötige Energie und Kraft zu vergeuden.

STOLPERSTEIN Nehmen Sie keine beeinträchtigenden Umstände radikal an, bevor Sie nicht alle Veränderungsoptionen überprüft haben. Geben Sie nicht vorschnell auf – zumeist gibt es doch Lösungen, die Ihre Situation entlasten.

Zur radikalen Akzeptanz entscheiden

Schreiben Sie aus Ihrem Schulalltag drei Umstände auf, die Sie radikal akzeptieren müssen, sollten oder wollen, und schätzen Sie ein, wie sehr Sie den Umstand bereits akzeptieren können (0 = keine Akzeptanz; 5 = Ich habe es vollkommen akzeptiert.).

1. _____ Akzeptanz: _____
2. _____ Akzeptanz: _____
3. _____ Akzeptanz: _____

Beleuchten Sie die aufgeführten Umstände noch einmal gründlich, und überprüfen Sie, ob es tatsächlich keine Veränderungsoptionen gibt.

Radikal akzeptieren

Nehmen Sie sich nicht vor, sich in Akzeptanz aller unveränderbaren Umstände zu üben. Beginnen Sie zunächst mit demjenigen Umstand aus Ihrer Liste, der Ihnen am wenigsten bedrohlich, belastend und einschränkend erscheint.

1. Schritt: Stellen Sie sich diesen Umstand genau vor, und betrachten Sie dabei die Situation so detailliert wie möglich. Konzentrieren Sie sich auf Ihre gedanklichen, körperlichen und emotionalen Reaktionen. Was haben Sie gedacht? Was haben Sie gefühlt? Welche Veränderungen waren körperlich spürbar? (Vergegenwärtigen Sie sich,

3 | ÜBUNGEN, METHODEN, STRATEGIEN

wie Ihr Schulleiter Sie erneut vor Ihren Kollegen massiv kritisiert. Wo standen Sie in dem Moment, wer war zugegen? Wie war seine Mimik? Was genau hat er gesagt, und wie haben Sie reagiert? Was haben Sie dabei gedacht? Welche Gefühle haben Sie empfunden? Waren Sie wütend? Traurig? Verletzt?)

2. Schritt: Imaginieren Sie nun Ihre eigene Reaktion, so als hätten Sie diese Umstände bereits radikal akzeptiert und als unveränderbar angenommen. Stellen Sie sich vor, Sie hätten bereits Ihren Frieden mit dem Verhalten des Schulleiters geschlossen. Was würden Sie jetzt in dieser Situation der Akzeptanz denken? Wie würde es sich anfühlen? Welche Gefühle würden Sie wahrnehmen? Wo in Ihrem Körper würde sich Ihre Akzeptanz auf welche Weise bemerkbar machen?

Akzeptierende Gedanken sind z.B.:
* „So ist es nun mal."
* „Ich kann es nicht ändern."
* „Nimm es an."
* „Ich kann damit leben."

3. Schritt: Übernehmen Sie die akzeptierenden Gedanken aus Ihrer Imaginationsübung, und transferieren Sie sie in die Realität. Erinnern Sie sich an Ihre Gedanken und Gefühle, und vergegenwärtigen Sie Ihre innere Haltung. Sagen Sie sich Ihre Gedanken aus der Imaginationsübung laut auf, sodass Sie diese so detailliert und realistisch wie möglich verinnerlichen. Achten Sie dabei auf eine authentische Stimme und natürliche Mimik.

So können Sie dem unveränderbaren Umstand das nächste Mal gelassener begegnen und verlieren somit weniger Energie.

> **Denken Sie daran:** Auch wenn Sie manche Umstände nicht ändern können – Ihre innere Haltung können Sie sehr wohl beeinflussen. Machen Sie Gebrauch davon, und sparen Sie sich Ihre Energie und Kraft für Situationen im Schulalltag auf, in denen Sie Veränderungen herbeiführen können. In allen übrigen Situationen üben Sie die radikale Akzeptanz zu Ihrer Entlastung, damit Sie sich nicht weiter ärgern oder verletzt fühlen müssen.

KAPITEL 4
ZIELSETZUNG UND APPELLE IM ÜBERBLICK

4 | ZIELSETZUNG UND APPELLE IM ÜBERBLICK

Es ist sehr leicht, sich etwas vorzunehmen, es ist jedoch umso schwieriger, diese Vorhaben auch tatsächlich umzusetzen und seine gesteckten Ziele auch zu erreichen. Auf den folgenden zwei Seiten haben wir Ihnen alle Anleitungen, Methoden und Strategien noch einmal im Überblick zusammengestellt. Nutzen Sie diese Zusammenfassung, um sich die für Sie wichtigsten Ziele noch einmal bewusst zu definieren. Ziele umzusetzen, erfordert sehr viel Willen, Kraft und Aufmerksamkeit, denn wir sind Gewohnheitswesen, denen jede Veränderung von lieb gewonnenen Gewohnheiten und Ritualen schwerfällt. Gewohnheiten zu verändern und somit Veränderungsziele zu erreichen, gehört zu den schwierigsten Vorhaben, die wir uns vornehmen können. Wählen Sie daher aus dieser Zusammenstellung gezielt Ihre wichtigsten Veränderungsziele aus, und mobilisieren Sie sich für die Umsetzung. Nehmen Sie sich nicht zu viel auf einmal vor!

Die Umsetzung und Erfüllung eines Zieles wird Ihnen erfahrungsgemäß sehr viel leichter fallen, wenn Sie bei der Zielsetzung Folgendes beachten:

1. Wählen Sie ein **bedeutsames** Ziel, mit dem Sie aller Voraussicht nach bedeutsame, positive Veränderungen in Ihrem Leben bewirken können.
   - → Wie wichtig ist es Ihnen, dieses Ziel zu erreichen
     (0 = gar nicht wichtig; 10 = extrem wichtig)?
   - → Überlegen Sie sich die drei wichtigsten Gründe, warum Sie dieses Ziel erreichen wollen.

2. Wählen Sie ein herausforderndes, aber unbedingt **realistisches** Ziel aus.
   - → Wie leicht wird es Ihnen fallen, dieses Ziel zu erreichen (0 = gar nicht leicht; 10 = extrem leicht)? Der Schwierigkeitsgrad sollte bei 5–7 sein.

3. Formulieren Sie Ihr Ziel möglichst **konkret** und präzise (z.B. „Ich möchte selbstfürsorglicher sein und jeden Tag eine Übung oder Tätigkeit zur Regeneration und Erholung machen.").
   - → Woran können Sie messen, ob Sie Ihr Ziel erreicht haben?

4. Wählen Sie konkrete **Termine** und Zeiten, an denen Sie Ihr Ziel umsetzen wollen (z.B. „Jeden Samstag um 11 Uhr räume ich meinen Arbeitsplatz auf.").
   - → Tragen Sie diese Termine in Ihren Kalender ein, und bitten Sie ggf. Ihren Partner darum, Sie bei der Zielerreichung zu unterstützen.)

5. Formulieren Sie einen **Zielerreichungsplan.**
   - → Wie können Sie das konkret schaffen? Mit welchen Schritten wollen Sie beginnen, was genau werden Sie in welcher Reihenfolge wann tun?

Wir wünschen Ihnen viel Erfolg bei der Umsetzung!

Appelle im Überblick

* Identifizieren Sie Ihr Burnout-Risiko (s. S. 17 f.).

* Identifizieren Sie Ihre Stressoren im Lehreralltag (s. S. 24 f.).

* Identifizieren Sie Ihre inneren Antreiber. Sorgen Sie für tägliche Entspannung und Regeneration (s. S. 26 f.).

* Üben Sie sich in Achtsamkeit – gegenüber Ihrer Umwelt, aber vor allem gegenüber sich selbst! (s. S. 39 f.).

* Sorgen Sie für kurze Aktivierungen und Sport (s. S. 46 f.).

* Machen Sie sich Ihre bereits entstandenen Stresssymptome bewusst (s. S. 52 f.).

* Analysieren Sie Ihren bisherigen Burnout-Prozess (s. S. 55 f.).

* Identifizieren Sie Frühwarnsignale, und steuern Sie rechtzeitig gegen (s. S. 59 f.).

* Stoppen Sie Grübelschleifen (s. S. 65 f.).

* Lernen Sie, Ihre Gefühle zu verstehen und zu differenzieren (s. S. 68 f.).

* Achten Sie bei Schlafstörungen auf eine heilsame Schlafhygiene (s. S. 73 f.).

* Sensibilisieren Sie sich für Ihr Verhalten aus dem Gefühl heraus (s. S. 79 f.).

* Suchen Sie sich die passende Gesellschaft zu Ihren Bedürfnissen (s. S. 82 f.).

* Stärken Sie Ihre Partnerschaft als wichtige Ressource (s. S. 83 f.).

* Trauen Sie sich, über Ihr Befinden zu sprechen (s. S. 86 f.).

* Üben Sie sich in lösungsorientierter Kommunikation (s. S. 96 f.).

* Gehen Sie Krisen strukturiert an (s. S. 101 f.).

* Ersetzen Sie Stress fördernde durch Stress mildernde Gedanken (s. S. 102 f.).

* Nutzen Sie Techniken zur Distanzierung und Beruhigung (s. S. 103 f.).

* Zeigen Sie sich als Mensch vor Ihren Schülern (s. S. 106 f.).

* Holen Sie Ihre Schüler da ab, wo sie sich befinden (s. S. 110 f.).

* Üben Sie sich in wertschätzender Schülerkommunikation (s. S. 112 f.).

* Setzen und beachten Sie Ihre Grenzen (s. S. 115 f.).

4 | ZIELSETZUNG UND APPELLE IM ÜBERBLICK

- Üben Sie sich in wertschätzender Elternkommunikation (s. S. 116 f.).
- Nutzen Sie Helfersysteme, statt sich selbst aufzuopfern (s. S. 120 f.).
- Nutzen Sie das Kollegium als wichtige Ressource (s. S. 122 f.).
- Arbeiten Sie effektiv und strukturiert (s. S. 125 f.).
- Arbeiten Sie Unerledigtes ab (s. S. 128 f.).
- Delegieren Sie, was Sie delegieren können (s. S. 129 f.).
- Setzen Sie sich mit Ihrer Zeiteinteilung auseinander (s. S. 131 f.).
- Optimieren Sie Ihren Arbeitsplatz (s. S. 133 f.).
- Loben Sie sich selbst, wenn es sonst kaum einer tut (s. S. 136 f.).
- Seien Sie sich eigener Stärken bewusst, und bleiben Sie sich selbst gegenüber fair (s. S. 140 f.)
- Reflektieren Sie eigene Anteile an einer stressgeladenen Lebensweise (s. S. 144 f.).
- Machen Sie sich Ihre Leitsätze bewusst, und bremsen Sie innere Antreiber (s. S. 156 f.).
- Identifizieren Sie Ihre Ja-Sage-Tendenzen (s. S. 159 f.).
- Üben Sie sich in Abgrenzung (s. S. 163 f.).
- Akzeptieren Sie, was sich nicht ändern lässt (s. S. 167 f.).

QUELLEN UND MEDIENTIPPS

Literaturquellen

Antonovsky, A.: **Health, stress and coping,** San Francisco: Jossey-Bass 1979

Balters, A.: **Mut zum Nein sagen,** Asslar: Gerth Medien, 6. Aufl. 2001

Bandura, A.: **Self-efficacy: The exercise of control,** New York: Freeman 1997

Barth, A.R.: **Burnout bei Lehrern,** Göttingen: Hogrefe 1992

Bartmann, U.: **Laufen und Joggen für die Psyche,** Tübingen: Dgvt 2001

Becker, P.: **Gesundheit durch Bedürfnisbefriedigung,** Göttingen: Hoegrefe 2006

Berking, M.: **Training emotionaler Kompetenzen,** Heidelberg: Springer Medizin Verlag 2008

Branden, N.: **Die Säulen des Selbstwertgefühls,** München: Piper 2009

Burisch, M.: **Das Burnout-Syndrom,** Berlin: Springer, 3. Aufl. 2006

Csikszentmihalyi, M.: **Flow – Der Weg zum Glück,** Freiburg: Herder 2006

Diekemper, E.; Reimann-Höhn, U.: **Rituale geben Sicherheit,** Freiburg: Herder 2000

Gray, J.: **Auseinander geliebt: Wie Paare ihrer Beziehung neue Energie geben können,** München: Goldmann 1997

Hagemann, W.: **Burn-Out bei Lehrern,** München: Beck 2003

Hanke, O.: **Erziehen: Handlungsrezepte für den Schulalltag in der Sekundarstufe. Die Kraft der Klasse fördern,** Berlin: Cornelsen, 5. Aufl. 2005

Hautzinger, M.: **Kognitive Verhaltenstherapie bei Depressionen,** Weinheim: Beltz, 5. Aufl. 2000

Hennig, C.; Ehinger, W.: **Das Elterngespräch in der Schule. Von der Konfrontation zur Kooperation,** Donauwörth: Auer, 3. Aufl. 2006

Hennig, C.; Knödler, U.: **Problemschüler-Problemfamilien,** Weinheim/Basel: Beltz 2000

Hüther, G.: **Biologie der Angst. Wie aus Stress Gefühle entstehen,** Göttingen: Vandenhoeck & Ruprecht, 9. Aufl. 2009

Jehle, P.: **Vorzeitige Pensionierung von Lehrerinnen und Lehrern – Befunde und Desiderate der Forschung.** In: S. Buchen, U. Carle, P. Döbrich, H.-P. Hoyer & H.-G. Schönwälder (Hrsg.): Jahrbuch für Lehrerforschung, Band 1, Weinheim u. München: Juventa Verlag 1997

Kaltwasser, V.: **Persönlichkeit und Präsenz. Achtsamkeit im Lehrerberuf,** Weinheim/Basel: Beltz 2010

Kaluza, G.: **Stressbewältigung,** Heidelberg: Springer 2004

Kentzler, C.; Richter, J.: **Stressmanagement,** München: Haufe 2010

Kretschmann, R.: **Stressmanagement für Lehrerinnen und Lehrer,** Weinheim: Beltz 2001

Mähler, B.: **Eltern-Burnout: Wege aus dem Familienstress,** Reinbek: Rowohlt 2006

Matyssek, A.K.: **Führung und Gesundheit: Ein praktischer Ratgeber zur Förderung der psychosozialen Gesundheit im Betrieb,** Norderstedt: Books on Demand, 2. Aufl. 2010

Matyssek, A.K.: **Gesund führen: Das Handbuch für schwierige Situationen,** Norderstedt: Books on Demand 2010

QUELLEN UND MEDIENTIPPS

Miller, R.: **Sich in der Schule wohlfühlen,** Weinheim: Beltz, 6. Aufl. 2005

Müller-Timmermann, E.; Eckhart, H.: **Ausgebrannt – Wege aus der Burnout-Krise,** Freiburg i. Br.: Herder Spektrum, 11. Aufl. 2006

Roth, G.: **Fühlen, Denken, Handeln,** Frankfurt: Suhrkamp 2001

Rudow, W.: **Die Arbeit des Lehrers,** Bern: Huber 1994

Satir, V.; Übersetzung: Bosch, M.; Wisshak, E.: **Selbstwert und Kommunikation,** München: Pfeiffer, 13. Aufl. 1996

Schaarschmidt, U.; Kieschke, U. (Hrsg.): **Gerüstet für den Schulalltag. Psychologische Unterstützungsangebote für Lehrerinnen und Lehrer,** Weinheim/Basel: Beltz 2007

Schaarschmidt, U. (Hrsg.): **Halbtagsjobber? Psychische Gesundheit im Lehrerberuf – Analyse eines veränderungsbedürftigen Zustandes,** Weinheim/Basel: Beltz, 2. Aufl. 2005

Schiffer, E.: **Wie Gesundheit entsteht,** Weinheim: Beltz 2001

Schindler, L.; Halweg, K.; Revenstorf, D.: **Partnerschaftsprobleme: Möglichkeiten zur Bewältigung,** Berlin: Springer 1980

Schröder, J.P.; Blank R.: **Stressmanagement,** Berlin: Cornelsen 2000

Schröder, J.P.: **Wege aus dem Burnout: Möglichkeiten der nachhaltigen Veränderung,** Göttingen: Cornelsen, 1. Aufl. 2006

Schulz von Thun, F.: **Miteinander reden. Kommunikationspsychologie für Führungskräfte,** Hamburg: Rohwolt, 2. Aufl. 2001

Schulz von Thun, F.: **Miteinander reden. 1. Störungen und Klärungen,** Hamburg: Rohwolt 1998 (Sonderausg. 2008)

Schulz von Thun, F.: **Miteinander reden. 2. Stile, Werte und Persönlichkeitsentwicklung,** Hamburg: Rohwolt 1998 (Sonderausg. 2008)

Schulz von Thun, F.: **Miteinander reden. 3. Das „Innere Team" und situationsgerechte Kommunikation,** Hamburg: Rohwolt 1998 (Sonderausg. 2008)

Seiwert, L.J.: **Das neue 1x1 des Zeitmanagements,** München: Gräfe & Unzer 2002

Seligman, M.E.P.: Der Glücks-Faktor: **Warum Optimisten länger leben,** Köln: Bastei Lübbe, 5. Aufl. 2009

Siegert, W.: **expert-Praxislexikon Management-Training,** Renningen: expert-Verlag 2001, S.146

Siegrist, J.: **Adverse health effects of high-effort/low-reward conditions.** In: Journal of Occupational Health Psychology, Vol. 1, 1996, S. 27–43

Spitzer, M.: **Vom Sinn des Lebens: Wege statt Werke,** Stuttgart: Schattauer 2006

Thich Nhat Hanh (hrsg. von Thomas Lüchinger, übersetzt von Irene Knauf): **Schritte der Achtsamkeit. Eine Reise an den Ursprung des Buddhismus,** Freiburg i.Br.: Herder 2012

Unger, H.P.: **Bevor der Job krankt macht: Wie uns die heutige Arbeitswelt in die seelische Erschöpfung treibt- und was man dagegen tun kann,** München: Kösel, 3. Aufl. 2007

Wilker, J.: **Das Einmaleins der Gelassenheit: Vom besseren Umgang mit uns selbst,** Freiburg i. Br.: Theseus Verlag 2008

QUELLEN UND MEDIENTIPPS

Internetquellen

Statistisches Bundesamt: Zahl der Pensionierungen von Lehrkräften in 2010 weiterhin hoch (Pressemitteilung vom 6.12.2011), www.destatis.de/DE/PresseService/Presse/Pressemitteilungen/2011/12/PD11_447_742.html (aufgerufen am 13.11.2012)

WIdO – Wissenschaftliches Institut der AOK: Fehlzeiten-Report 2012 (Pressemitteilung vom 16.8.2012), www.wido.de/fileadmin/wido/downloads/pdf_pressemitteilungen/wido_pra_pm_fzr12_082012.pdf (aufgerufen am 5.11.2012)

Medientipps

Feld, M.:
Schlafen für Aufgeweckte:
Mehr Lebensenergie durch guten Schlaf.
Südwest Verlag, 2012.
ISBN 978-3-517-08815-0

Kabat-Zinn, J.:
Achtsamkeit für Anfänger.
Arbor, 2009.
ISBN 978-3-936855-61-6

Leinenbach, I.; Nock, H.:
Souverän, selbstbewusst und erfolgreich Lehrer sein.
Strategien, Übungen und Praxishilfen.
Verlag an der Ruhr, 2012.
ISBN 978-3-8346-0764-5

McKay, M.; Fanning P.:
Seifenblasen im Spülwasser:
Achtsamkeitsübungen gegen den alltäglichen Stress.
J. Kamphausen, 1999.
ISBN 978-3-5910-8442-0

Pitschel-Walz, G.:
Lebensfreude zurück gewinnen.
Ratgeber für Menschen mit Depressionen und deren Angehörige.
Urban & Fischer, 2003.
ISBN 978-3-437-56440-6

Portmann, R.:
Die 50 besten Entspannungsspiele.
Don Bosco Medien, 2. Aufl. 2008.
ISBN 978-3-7698-1729-4

Potreck-Rose, F.; Jacob G.:
Selbstzuwendung, Selbstakzeptanz, Selbstvertrauen. Psychotherapeutische Interventionen zum Aufbau von Selbstwertgefühl.
Klett-Cotta, 7. Aufl. 2012.
ISBN 978-3-608-89016-7

Potreck-Rose, F.:
Von der Freude, den Selbstwert zu stärken:
Hilfe aus eigener Kraft.
Klett-Cotta, 6. Aufl. 2010.
ISBN 978-3-608-86107-5

Prünte, T.:
Der Anti-Stress-Vertrag: Ihr Weg zu mehr Gelassenheit und Lebensfreude.
Ueberreuter, 2003.
ISBN 978-3-8000-3907-4

Reddemann, L.:
Imagination als heilsame Kraft –
Zur Behandlung von Traumafolgen mit ressourcenorientierten Verfahren.
Klett-Cotta, 2003.
ISBN 978-3-608-89043-1

QUELLEN UND MEDIENTIPPS

Weissenfeld, P.:
Wege aus der Grübelfalle.
Lösungsorientiert denken.
Herder, 3. Aufl. 2004.
ISBN 978-3-451-34016-1

Thich Nhat Hanh:
Schritte der Achtsamkeit. Eine Reise an den Ursprung des Buddhismus.
Herder, 2012.
ISBN 978-3-95474-006-2

Zeiler, R.:
Kollegiale Fallberatung in der Schule.
Warum, wann und wie?
Verlag an der Ruhr, 2011.
ISBN 978-3-8346-2235-8

Zielasko, H.:
Kurzentspannung für jeden Tag.
Compact, 2008.
ISBN 978-3-8174-6450-0